내가 커지면 문제는 작아진다

내가 커지면
문제는 작아진다

흔들리더라도
꺾이지 않는
삶을 위한 마음수업

문요한 지음

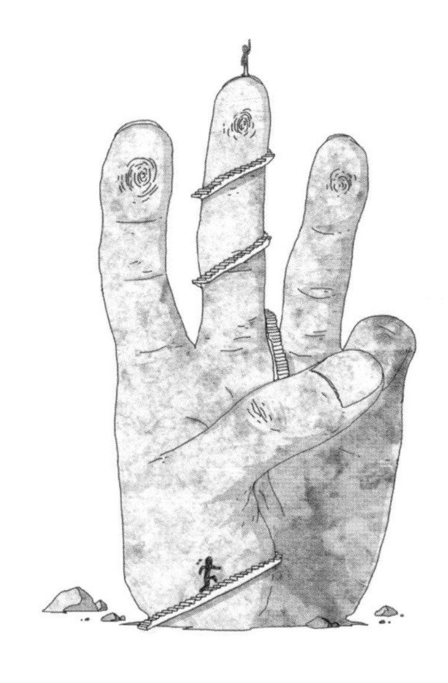

해냄

| 개정판 서문 |

우리 안에는 원천적 생명력이 있다

"지난 초겨울에는 왜 그렇게 나뭇잎이 떨어진 나무가 슬퍼 보였나 모르겠어요. 어찌나 안쓰러운지 그 낙엽을 하나하나 다시 붙여주고 싶었어요. 하지만 올해 들어서는 잎이 없는 나무를 보아도 측은하지 않아요. 새봄을 준비하는 희망이 느껴져요."

상담실에서 만난 한 대학생의 이야기입니다. 그녀는 지난해에 교통사고로 아빠를 갑자기 떠나 보냈습니다. 감당하기 힘든 충격이었습니다. 아빠가 세상을 떠난 지 3개월이 지났지만 그녀는 충격과 슬픔에서 한 발짝도 벗어나지 못했습니다. 평소에 아빠에게 잘하지 못한 게 너무나 후회스러워 웃음도 잃어버렸고, 그동안 겪지 못한 경제적 어려움에 엄마에게 짜증 내기 일쑤였습니다. 스스로도 몇 번이나 그러지 말아야 한다고 다짐했지만 어찌할 도리가 없었습니다.

다행히 상담을 통해 애도의 과정을 거치면서 그녀는 상실감을 딛고 점점 안정을 되찾아 갔습니다. 처음에 보였던 아이 같은 모습에서 벗어나 점점 책임감 있는 어른의 모습으로 바뀌어 갔습니다. 우선 아르바이트로 상담비와 용돈을 벌기 시작했습니다. 힘든 일을 겪는 친구에게도 이전과 다르게 섣부른 조언을 건네기보다는 가만히 들어 주었습니다. 그리고 슬픔에 잠겨 있는 엄마 손을 잡고 산책을 나서게 되었습니다. 그녀 또한 자신 안에 이러한 어른스러움이 있다는 것에 대해 놀랄 정도였습니다.

"늘 힘든 사람들의 이야기만 들으면 힘들지 않나요?"

정신건강의학과 의사라서 이런 질문을 참 많이 듣습니다. 왜 아니겠습니까. 물론 힘들 때가 있습니다. 그런데 늘 그런 것은 아닙니다. 사람들이 계속 힘들다고만 이야기하는 것은 아니니까요. 시간이 지나면서 점점 치유가 일어나고 경우에 따라서는 이전보다 더욱 성장하는 모습을 지켜볼 수 있기에 보람과 기쁨을 느낄 때가 더 많습니다. 그 과정에서 내 안의 상처도 함께 아물게 되고 인생의 어려움을 어떻게 넘어야 하는지를 배우게 됩니다.

돌아보면 정신건강의학과 의사를 하면서 책에서 배운 것보다 내담자로부터 배운 게 훨씬 많습니다. 정신건강의학과 의사를 하지 않았다면 결코 알 수 없었을 인생의 지혜들을 참 많이 깨닫게 되었습니다. 그 무엇으로도 바꿀 수 없는 값진 경험입니다. 그 지혜 중의 으뜸은 '우리 안에 내재 된 생명력에 대한 믿음'입니다. 무서운 화마가 휩쓸어 재만 남은 산야에도 다시 수목이 자라고, 방사능 유출로 오염된 도시에도 다시 꽃이 피어나고, 기름으로 뒤덮인 바다도 스스로 정화되는 것처럼 우리에게도 자기치유와 자기정화의 원천적 생명력이 있습니다.

물론 심리적 고통이 클 때는 그 생명력을 전혀 느끼지 못할 수 있습니다. 모든 게 끝나버렸고 아무것도 할 수 없다는 절망과 무력감에 한동안 갇힐 수도 있습니다. 하지만 지상의 이파리는 시들어도 지하의 뿌리는 마르지 않은 식물처럼 우리의 생명력은 여전히 살아 있습니다. 힘든 환경에 놓였어도 있는 힘껏 살아가려는 생명력이 우리 안에 살아 숨 쉬고 있습니다. 그렇기에 삶의 가장 어두운 시기에 가장 밝은 빛을 만나는 것은 드문 일이 아닙니다. 힘든 시간을 거치는 동안 내면의 생명력과 다시 연결될 수 있습니다. 흔들리지만 삶은 꺾이지 않고 다시 뻗어가게 됩니다.

이러한 치유적 경험을 2005년부터 글로 정리하기 시작했습니다. 그리고 나누고 싶어졌습니다. 메일링도 하고 블로그에 올렸습니다. 이 책은 그 글 중에서도 삶의 어려움에 부딪혔을 때 위로와 힘이 되는 글들을 모았습니다. 여러 편의 중복된 내용을 다듬고 또 다듬어서 글과 잘 어울리는 그림을 얹어 책으로 만들었습니다. 글에 어울리는 그림을 그려준 김인하 작가님과 수많은 글을 다듬고 또 다듬어 준 해냄출판사에 깊은 감사를 드립니다.

이 책이 독자 여러분의 내적 생명력을 깨우는 작은 불씨가 되면 좋겠습니다. 흔들림 속에서 피어나는 꽃처럼 당신의 삶도 그렇게 되어가면 좋겠습니다.

정신건강의학과 의사

문요한

•• 차례

개정판 서문 우리 안에는 원천적 생명력이 있다 4

첫 번째 세션 내 마음 들여다보기

마음 뒤의 마음을 보라

01 마음의 허기 14
02 존재증명 강박증 17
03 감정에 굳은살이 생기면 20
04 자기실종 신고센터 23
05 '공적 표정'의 슬픔 26
06 고독은 삶을 채우는 시간 28
07 거울, 나를 마주 보는 도구 30
08 지금 나는 잘 가고 있는가 32
09 시간은 당신 편이다 34
10 삶은 비포장도로를 달리는 것 37
11 영혼상실의 증상들 40
12 무서운 익숙함 43
13 권태는 새로운 시작을 알리는 신호 46
14 부모자아 48

15 공갈젖꼭지는 가짜 위안일 뿐 51
16 나와 남 사이에서 균형 잡기 54
17 당신의 마음 통장은 플러스인가요? 56
18 눈앞의 작은 만족에 매달리지 말 것 59
19 마음 뒤의 마음을 보라 61
20 인생에 빨간불이 켜질 때 63
Dr. 문의 심리 솔루션 66

정신적 맷집 키우기

모든 생명은 힘껏 살아간다

21 삶의 낙법을 익혀라 70
22 모든 생명은 힘껏 살아간다 73
23 그래도 할 수 있는 것 76
24 애벌레가 쓴 풀을 먹는 이유 79
25 흔쾌히 잊어버리기 82
26 바람이 불수록 자세를 낮추어라 84
27 누군가 태클을 걸어올 때 86
28 새의 눈으로 문제를 내려다보기 88
29 거꾸로 사는 지혜 91
30 세상은 나를 돕기 위해 존재한다 94
31 불안은 영혼을 흔들어 깨운다 96
32 왜 하는지를 안다면 다시 시작할 수 있다 99
33 한밤중의 어둠이 꽃을 피운다 102
34 한쪽 문이 닫히면 또다른 문이 열린다 105

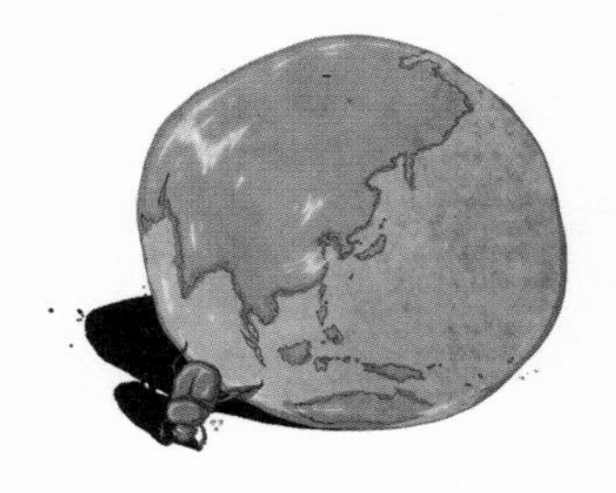

35 신은 불행을 극복하는 힘을 주는 존재 108
36 인생은 건빵과 별사탕 같은 맛 111
37 세상에 공짜 경험은 없다 114
38 ~때문에, ~에도 불구하고, ~덕분에 116
39 흔들림은 성장의 신호 118
Dr. 문의 심리 솔루션 121

세 번째 세션 문제해결력 키우기

내가 커지면 문제는 작아진다

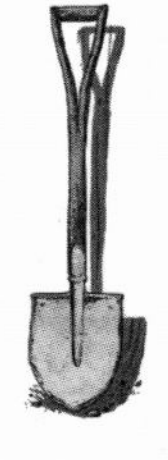

40 먼저 삽질부터 중단하라 124
41 탁월한 선택은 노력하는 과정에서 나온다 128
42 '이상하다. 왜 이럴까?' 130
43 인생은 생방송 133
44 소 잃고 외양간만이라도 고치자 136
45 어려운 문제일수록 잘게 쪼개어보라 139
46 문제와 동행하라 142
47 부드러움이 강함을 이긴다 144
48 인생은 모 아니면 도? 146
49 나는 단지 문제를 만났을 뿐이다 149
50 경험을 교훈으로 삼을 때 주의할 점 152
51 당신은 마음의 눈을 자주 뜨고 있나요? 155
52 맥가이버 vs 터미네이터 158
53 지금 피하면 나중에 더 크게 돌아온다 161
54 실패는 성공의 어머니 164

55 불편한 상황에 단계적으로 자신을 노출하라 166

56 등로주의와 등정주의 169

57 내가 커지면 문제는 작아진다 172

58 참새가 허수아비를 두려워하지 않는 이유 175

59 걱정 세탁법 178

Dr. 문의 심리 솔루션 181

변화와 도전 속에 균형 잡기

실험하라, 인생은 당신 편이다

60 헛똑똑이 184

61 모든 인생은 실험이다 187

62 열등감은 탁월함을 끌어내는 디딤돌 190

63 사람의 그릇 크기는 달라질 수 있다 193

64 일에 마음을 열어라 196

65 삼세번의 필수 조건은 '준비' 199

66 피고지기를 반복하는 배롱나무꽃처럼 202

67 하루에 한 걸음만 205

68 원하는 것을 마음의 중심에 흐르게 하라 207

69 왜 좀더 어려운 일을 하지 않는가 209

70 도전, 두려움에도 불구하고 하는 것 212

71 선택은 삶에 생기를 준다 215

72 인생의 돛과 닻 218

73 적당한 스트레스는 약 221

74 제자리로 돌아올 수만 있다면 괜찮다 224

75 큰 종이를 주면 큰 그림을 그린다 227
76 비워야 채울 수 있다 230
77 온전히 살아 있다고 느끼는 순간 속으로 232
78 인생은 언제나 내 편이다 236
Dr. 문의 심리 솔루션 239

다섯 번째 세션 **관계 속에서 성장하기**

그래도 함께 가라

79 인간은 관계 안에 머무르는 존재 242
80 부탁이 필요해 246
81 사랑이 있는 곳에 미움이 있다 249
82 표현하지 않으면 아무도 모른다 252
83 아이에게 부모는 인생의 안전벨트 255
84 그 누구도 홀로 떠 있는 섬이 아니다 258
85 멀리 가려면 함께 가라 262
86 나는 어디에서 왔을까 265
87 우리는 모두 빚지고 살아간다 268
88 과잉연결과 이중단절 271
89 당신이 어울리는 사람이 당신을 말해 준다 274
90 우리는 모두 지구별에 탑승 중 277
91 함께 울리면 소리는 더욱 깊어진다 280
92 때로는 어둠 속에 함께 있기 283
93 '그렇게 생각할 수도 있지' 287
94 누군가를 빛내는 페이스메이커 290
Dr. 문의 심리 솔루션 294

내 마음 들여다보기

마음 뒤의 마음을 보라

01

마음의 허기

배가 고픈 것도 아닌데 괜히 냉장고 문을 열고 닫기를 반복할 때, 혹은 무엇이든 꼭 먹어야 마음이 놓일 때가 있습니다. 이럴 때 느끼는 허기를 자세히 보면 사실 신체적인 문제가 아니라 정신적인 것에서 비롯되는 경우가 많습니다. 즉, 우리는 정신적 스트레스를 먹는 것으로 해소하는 셈입니다. 정신적 허기와 신체적 허기는 서로 연결되어 있기 때문입니다.

미국의 정신의학자 로저 굴드는 배 속에는 보이는 위장 말고, 보이지 않는 '유령위장'이 있다고 표현합니다. 이 유령위장은 음식물이 비어있을 때 작동하는 것이 아니라 외롭거나 화가 나거나 불안하거나 절망스러울 때처럼 정서적으로 흔들릴 때 배고프다는 신호를 보냅니다.

반대로 누군가와 아주 가깝게 느껴지거나 마음을 열고 화해했거나 자신이 자랑스럽게 여겨진다면 정신적 허기는 물론 신체적인 허기까지도 잘 느껴지지 않습니다. 이렇게 보면 사람은 오장육부가 아니라 놀부처럼 오장칠부를 가진 셈입니다.

아이가 가장 행복해 보일 때가 언제일까요? 바로 엄마 젖을 배불리 먹고 잠들었을 때입니다. 유년기의 보살핌에서 가장 큰 핵심은 포만감입니다. 아이에게 포만감은 따뜻한 보살핌과 같은 의미이기에 아이가 생애 최초로 경험하는 박탈은 젖을 떼이는 것입니다. 그 상처가 너무 깊다면 빼앗긴 젖을 되찾으려는 무의식적 투쟁이 일생에 걸쳐 반복될지도 모릅니다.

이렇게 신체적 포만감과 정신적 보살핌이 연결되다 보니 성인이 된 우리는 흔히 정신적 스트레스를 음식을 먹음으로써 달래게 됩니다.

그러나 문제는 음식으로 채운 포만감이 정신적 허기를 일시적으로 잊게 만들 수는 있겠지만 결코 채워줄 수 없다는 사실입니다. 게다가 애초에 허기진다고 느끼게 했던 정신적 문제를 제대로 경험하지 못하도록 만듭니다.

"나는 아직도 배가 고프다"는 전 국가대표 축구 감독 히딩크의 말처럼 배고픔은 하나의 은유입니다. 배고픔은 우리 안에 있는 다양한 감정, 욕구를 대변합니다. 그러므로 우리는 자신의 허기가 무엇에서 비롯되는지 들여다보고 필요한 것을 채워 넣어야 합니다. 무작정 음식을 채워 넣을 것이 아니라 문제가 외로움이라면 친밀감을, 존재의 결핍이라면 자기를 채워 넣을 수 있어야 합니다.

신체적 허기가 음식을 더욱 맛있게 하듯이, 정신적 허기도 우리가 잘 알아차리기만 한다면 삶을 더욱 맛나게 하지 않을까요?

"영혼이 고독한 인간은 늘 배고프다. 공허가 그의 식량이기에."

레온 드 빈터 『호프만의 허기』 중에서

02

존재증명 강박증

미국의 한 IT 전문잡지에 의하면 현대인들은 메시지가 오지도 않았는데 하루에 34차례 이상 반복적으로 스마트폰을 확인한다고 합니다. 일종의 '확인강박행동checking compulsion'입니다. 그렇다 보니 진동이나 벨이 울리지 않았는데 착각하는 경우도 빈번하게 일어납니다. 어디 그뿐일까요? 블로그나 SNS 등의 반응을 확인하는 것까지 합친다면 횟수는 훨씬 늘어납니다.

사랑의 반대는 미움이 아니라 무관심이라고 합니다. '악플'보다 더 무서운 것은 '무플'이라는 이야기를 보면 이는 단지 우스갯소리가 아닙니다. 연예인들도 자신이 나온 기사에 아무런 반응도 없는 것보다는 비난하는 댓글이라도 달려 있는 것이 차라리 좋다고 말합니다. 아이가 좋은 행동으로 부모의 관심을 받지 못하면 결국 야단을 맞더라도 못된 행동으로 관심을 끌려고 하는 것처럼 '관심의 부재'로 인한 고통은 너무 크게 마련입니다.

그러나 자신의 존재를 확인받고 싶은 마음이 커지면 자아를 상실하기 쉽습니다. 대개 있는 그대로의 모습으로 사랑받지 못한 사람일수록 자신의 존재를 확인받고 싶다는 마음이 큽니다. 이들은 어떤 식으로든 자신이 괜찮은 사람이라는 것을 입증해야 한다고 느낍니다.

한 여성은 자신에게 사랑 고백을 했던 남자들의 숫자가 하나 둘씩 늘어가는 것을 통해 자신의 존재감을 확인해 왔기에, 정작 남자에게 고백을 받는 순간 싫증을 느껴 헤어지고 맙니다. 이렇듯 '존재감 부재'는 지속적인 승부 집착, 명품 수집, 지적 허영심, 과도한 성형, 넘치는 근육, 강박적인 인맥 구축과 같은 행위로 쉽게 이어집니다.

즉, 이러한 노력을 통해 사실은 '나 예뻐?' '나 사랑스럽지?' '나 잘했지?' '나 괜찮지?'라고 묻고 싶고 확인받고 싶은 것입니다. 마치 하루에도 수십 번씩 휴대전화를 확인하는 사람들처럼 일종의 '존재증명 강박증'에 걸려 있는 셈입니다.

하지만 존재증명에 대한 강박감은 무언가를 이루고 더 가진다고 해서 좀처럼 채워지지 않습니다. 오히려 더 큰 결핍감을 느끼기 쉽습니다. 존재감은 물질이나 성과에 대한 사람들의 관심이나 찬사로 얻어지는 것이 아니라 있는 그대로의 자신을 받아들일 수 있는 경험으로 회복하는 것이기 때문입니다.

이를 위해 누군가와 진실한 사랑을 나누는 것도 좋지만 그전에 자신을 따뜻하게 대하는 자세가 우선입니다. 먼저 거울에 비친 자신의 눈을 바라보는 연습부터 해보세요. 거울을 들여다보면서 거울 속의 내가 거울 밖의 나에게 어떤 이야기를 하는지 경청해 보세요. 스스로에게 친절을 베풀 때마다 당신의 존재감은 점점 높아질 것입니다.

03

감정에 굳은살이 생기면

자신이 누구인지 자신이 원하는 삶이 무엇인지 잘 몰라 혼란스럽다는 사람들이 있습니다. 이들의 공통점은 자신의 감정을 느끼고 이해하는 일에 서툴다는 것입니다. 자신이 어떻게 느끼는지가 정체감의 토대가 되고 무엇을 원하는지를 알려주는 신호가 되는데, 이들은 그 기능에 문제가 생긴 것입니다.

다른 사람의 마음에 공감하기 힘들어하는 사람들 역시 마찬가지입니다. 이들은 자신의 감정도 제대로 느끼거나 이해하지 못합니다.

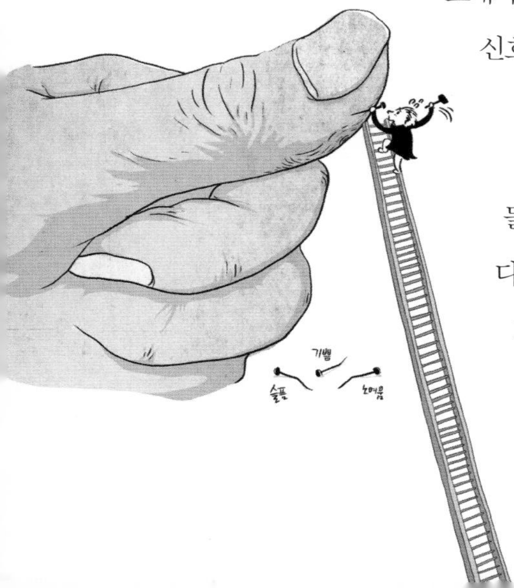

감정은 아이들의 정신 발달에 가장 중요한 부분입니다. "나 화났어!" "무서워!" "너 속상해?" "와! 신난다" "좋아, 사랑해!" 등 아이들은 감정을 느끼고 표현함으로써 자아를 구축하고 관계를 형성합니다.

그러나 아이들은 자라면서 좋은 감정과 나쁜 감정, 느껴도 되는 감정과 느껴서는 안 되는 감정으로 구분하도록 강요당합니다. 스스로 감정을 조절하는 것이 아니라 양육환경에 따라서 감정을 못 느끼거나 표현하지 못하도록 억압당한 채 살아가는 경우가 많습니다.

프랑스 심리학자 이자벨 필리오자의 표현처럼 점점 '감정의 굳은살'이 박히게 되는 것입니다. 즉, 자라면서 몸 일부에 굳은살이 생기는 것처럼 감정에도 딱딱한 껍질이 생깁니다.

물론 어느 정도의 굳은살은 피부를 보호하여 상처가 나지 않게 도와줍니다. 그러나 굳은살이 본래의 살보다 둔감하듯 감정에 박힌 굳은살이 너무 두터워지면 마음을 무디게 만듭니다. 감정의 굳은살이 커지면 커질수록 상처는 덜 받을지라도 자기와 상대를 있는 그대로 혹은 풍요롭게 인지할 수 없습니다.

또한 자신이 무엇을 좋아하고 싫어하는지도 느끼지 못하기 때문에 자아는 약해지고 어떠한 선택 앞에서 혼란은 커질 수밖에 없습니다. 결국 삶은 방향과 생기를 잃어갑니다.

감정은 이성에 비해 열등한 것도 아니고 늘 조절해야만 하는 위험물도 아닙니다. 오히려 자신의 감정을 잘 느끼는 것은 정체성과 사회성의 기초가 됩니다.

그렇기에 정체성 때문에 혼란스럽거나 사회성에 어려움을 느끼는 사람에게는 무엇보다도 자신의 감정을 잘 느끼고 표현하는 것이 중요합니다.

어떻게 하냐고요? 우선 자신의 감정을 잘 관찰해 봅니다. 오늘 느낀 중요한 감정을 떠올려보고 어떤 상황이었는지, 그 상황을 어떻게 판단했는지, 그것이 구체적으로 어떤 감정이었는지, 그 감정으로 인해 어떤 충동을 느꼈고 어떻게 행동했는지 등을 기록해 보는 것입니다. 일종의 '감정관찰일지'라고 할 수 있습니다. 상담과 심리훈련에서는 기록을 강조하는데, 기록은 관찰을 촉진하고 관찰은 지각을 촉진하기 때문입니다.

"자아는 자기 감정을 인식하는 데서 비롯된다.
나는 내가 존재한다는 것을 '느끼는' 존재이다."
이자벨 필리오자 『아이 마음속으로』 중에서

04

자기실종 신고센터

'나를 잃어버린 것 같아요!' 상담실은 종종 자기실종 신고센터가 됩니다. 그러면 나는 '잃어버린 나'에 대해 이야기해 달라고 합니다. 잃어버린 것을 찾으려면 먼저 인상착의를 알아야 하니까요.

하지만 나를 잃어버렸다고 하는 사람들은 정작 자신의 신상을 제대로 설명하지 못합니다. 왜 그럴까요? 그것은 '자기'를 잃어버렸다기보다 처음부터 삶 속에 '자기'가 없었기 때문입니다.

상실과 결핍은 다릅니다. 상실은 가지고 있던 것을 잃어버린 상태입니다. 이에 비해 결핍은 애초부터 채워지지 않은 상태를 의미합니다. 그러므로 사람들이 느끼는 자기상실감은 사실 자기결핍감에 가깝습니다.

'자아를 멸진하지 못해 괴롭습니다.' 명상을 하는 어떤 분의 고민입니다. 그는 괴로움의 원인을 자아라고 보고 이를 버리기 위해 무던히 애를 씁니다. 그는 내적 욕망과 외적 욕망, 건강한 욕망과 건강하지 않은 욕망을 구분하지 않습니다. 그가 언제 자기초월의 상태에 이를지 모르지만 '자기를 버려야 한다'는 마음은 또 하나의 집착처럼 보일 뿐입니다.

일에는 순서가 있게 마련입니다. 흔히 강을 건넌 뒤에는 뗏목을 버리고 가라고 합니다. 강을 건넌 후에도 뗏목을 이고 다니는 사람들이 있기 때문입니다.

하지만 그보다 더 큰 어리석음은 뗏목을 이용하지도 않고 강을 건너려고도 하지 않는 사람들입니다. 자아를 버리려면 우선 자아를 만들어야 합니다. 자기를 초월하려면 먼저 자기의 세계를 쌓아야 합니다.

버리는 것! 그것은 채운 사람만이 할 수 있는 일입니다. 가진 것이 없는 사람은 버리는 시늉만을 할 따름입니다.

"무언가를 구부리기 위해서는 먼저 그것을 펼쳐야 하고
무언가를 약화시키기 위해서는 먼저 그것을 강화시켜야 하며
무언가를 제거하기 위해서는 먼저 그것을 풍성하게 하여야 하고
무언가를 취하기 위해서는 먼저 그것을 주어야 한다."

노자 『도덕경』 중에서

05

'공적 표정'의 슬픔

유명 남녀배우의 베드신을 보며 부러운 적이 있었나요? 그런데 정작 배우들의 이야기를 들으면 액션신보다 베드신이 훨씬 힘들다고 합니다.

왜 그럴까요? 연기이기 때문입니다. 연기는 기본적으로 '하는 척'이므로 괴로울 수밖에 없습니다. 실제 흥분하지도 않았는데 흥분한 척 소리 내고 힘쓰는 게 여간 쉽지 않은 일이겠지요. 어느 유명배우가 베개를 꼭 붙잡은 상태로 20분간 힘을 쓰고 3분간 쉬는 식으로 12시간을 반복해 보면 베드신에 임하는 배우의 심정을 알 것이라고 말한 적이 있습니다.

이렇듯 연기란 힘든 일입니다. 없는 것을 있는 척 하기도, 있는 것을 없는 척 하기도 참 어려운 법입니다.

산업시대에는 육체노동으로 인해 근골격계 질환이 많았습니다. 그에 비해 현대의 노동자들은 정신적 스트레스로 인한 질병을 많이 앓습니다.

특히 서비스업 종사자들이 스트레스성 질환을 앓는 비율이 무척 높습니다. 연기를 하듯 자신의 감정을 억누르고 고객을 왕처럼 모셔야 하기 때문입니다. 웃어도 웃는 것이 아닌 이들 역시 일종의 '연기자'이며 '감정노동자'라고 할 수 있습니다. 이들은 '프로'라는 이름으로 사적 감정을 저당 잡히고 직업적 역할에서 요구되는 '공적 표정'을 연기하다 보니 늘 감정불일치 상태에 놓이게 됩니다. 결국 억눌린 감정이 화병이나 우울증, 각종 신경성 질환으로 이어집니다.

그러나 안타까운 것은 가까운 인간관계나 가족 관계에서도 감정노동에 시달리는 사람들이 많다는 사실입니다. 이들은 가장 편안해야 할 가족에게조차 힘들다는 말을 못하고 더 나아가 아무렇지도 않은 척 연기를 합니다.

그러므로 만일 당신이 힘들 때 '나 힘들어!'라고 말할 수 있고, 연기하지 않고 대할 수 있는 누군가가 있다면 당신은 행복한 사람입니다. 가족들 앞에서 연기를 하지 않고 자신의 기본 감정 상태로 머무를 수 있다면 당신의 가족 역시 건강한 셈입니다.

06

고독은
삶을 채우는 시간

돌아보면 젊은 날들은 참 외로웠습니다. 외로워서 누군가를 찾았지만 누군가와 함께 있어도 외로움은 쉽게 가시지 않았습니다. 함께 있으면 얼마 지나지 않아 혼자 있고 싶어졌고, 혼자 있으면 다시 누군가가 그리워지는 반복재생의 시간이었습니다.

그러나 생각해 보면 혼자 있어서 외로운 것이 아니라 혼자 있지 못해서 외로웠습니다. 사람들과 관계를 맺는 게 서툴렀지만 사실은 자신을 마주하고 관계하는 것이 더 서툴렀던 때였습니다.

흔히 사람들은 혼자 있는 것과 외로움을 같은 상태로 생각합니다. 그렇기에 혼자 있는 것을 부정적으로 생각하는 경우가 많습니다. 사회성이 부족하고 친구가 없는 사람으로 비춰질까 봐 식당에서 혼자 밥을 먹지 못하는 사람처럼 말입니다. 그렇다 보니 고독과 외로움을 구분하지 못하고 자꾸 사람들 속으로만 파고들게 됩니다.

영어에는 혼자 있는 것과 관련된 두 단어가 있습니다. '고독solitude'과 '외로움loneliness'입니다. 물론 둘 다 '홀로 있는alone' 상황은 같습니다. 하지만 고독은 스스로 관계에서 물러나 자신을 벗 삼은 능동적인 홀로 있음입니다. 그에 비해 외로움은 타인과 단절되어 누군가를 갈구하는 공허한 감정입니다. 고독이 '내적 충만'이라면 외로움은 '내적 공허'인 셈이지요.

고독은 외로움도 아니고 도피도 아닙니다. 고독은 내면으로 떠나는 여행이며 삶을 채우는 시간입니다. 어쩔 수 없이 홀로 되면 외로워지지만 스스로 홀로 있음을 선택하면 삶이 충만해 집니다.

마치 나비가 되기 위해 스스로 실을 감아 고치가 되는 번데기처럼 자기실현을 꿈꾸는 사람이라면 기꺼이 고독의 시간 속으로 들어가야 합니다. 창조와 자기완성은 고독의 시간에 이루어지기 때문입니다. 물론 처음에는 낯설고 깜깜하고 두려울 수 있습니다. 그러나 고독은 이내 당신을 위로하고 당신을 채워줄 것입니다.

지금 당신의 삶이 외롭게 시들어가고 있습니까? 그렇다면 지금 당신에게는 고독의 시간이 필요합니다. 스스로 홀로 있음을 선택할 때입니다.

"사람들이 정말로 두려워하는 것은 '홀로 있는 것'이 아니라 '외톨이로 여겨지는 것'이다. 당신은 혼자 있어서 외로운 것이 아니라, 혼자 있지 못해서 외로운 것이다."

마리엘라 자르토리우스 『고독이 나를 위로한다』 중에서

07

거울,
나를 마주 보는 도구

하루에 거울을 몇 번이나 보세요? 한 번도 보지 않는 사람부터 수십 번 보는 사람에 이르기까지 그 차이가 크겠지요. 어떤 통계에 의하면 사람은 70년을 기준으로 1년 반 정도 거울을 본다고 합니다. 대략 하루에 30분 정도 거울을 보는 셈입니다.

그런데 여러분은 왜 거울을 보세요? 나는 30대 중반까지 다른 사람들의 눈에 내가 어떻게 보일까를 살펴보기 위해서 거울을 보았습니다. 그러나 30대 후반이 되면서 다른 용도로 거울을 보기 시작했습니다. 거울을 통해 나와 마주하면서 '지금 내 모습이 어떻지?' '너 잘 살고 있는 거야?' '너 요즘 어때?'라며 대화도 나누고 내 상태가 어떤지를 살피게 되었습니다.

이전에는 겉모습을 꾸미거나 결점을 감추기 위해서였다면 30대 후반부터는 나를 알기 위해 거울을 보는 시간이 생긴 것입니다.

카지노에는 창문과 시계, 거울이 없다고 합니다. 그안에서 세상과 시간, 그리고 자아를 망각한 채 도박에 빠지게 하기 위함입니다. 상상해 보세요. 도박장에서 거울로 자신의 눈을 본다면 어떤 느낌이 들까요?

거울은 치장할 때 볼뿐만 아니라 자신을 대면하게 하는 이중적 기능을 합니다. 그렇기에 우리는 잘 살지 못한다고 느낄 때 거울을 보지 않으려고 합니다.

그러나 생각해 보면 거울만큼 좋은 자기성찰과 자기대화의 도구도 없습니다. 가만히 자신의 얼굴을 들여다보면 거울 속 나는 많은 이야기를 들려줍니다. 그래서 국립발레단 최태지 단장은 거울을 보고 '거울 선생님'이라는 표현을 쓴다고 합니다. 자신을 있는 그대로 비추어주는 거울만큼 좋은 선생님은 없다고 생각하기 때문입니다.

거울의 두 기능 모두 중요합니다. 균형 잡고 세상을 살아가려면 타인의 시선을 의식하는 자아도 필요하고, 자신의 마음을 의식하는 자아도 필요하니까요. 문제는 자신과 대면하기 싫어하거나 타인의 시선을 전혀 신경 쓰지 않아 거울을 보지 않는 경우와 거울을 오직 치장의 도구로만 사용하는 경우입니다.

당신은 왜 거울을 보나요? 거울 선생님을 만나본 적이 있습니까?

"거울 없이 삶을 본다면 절반밖에 보지 못한다."

데이비드 호크니

08

지금 나는 잘 가고 있는가

마더 테레사 수녀가 자신의 일에 회의가 들었을 때 한 신부님을 찾아가 상담했습니다. 자신이 정말로 하느님의 부름을 받은 것인지 확신이 서지 않는다고 하자 신부님이 이렇게 대답하였습니다. "그것은 당신이 일에서 행복을 느끼는지로 알 수 있을 것이다."

누구나 흔히 자신의 일이나 삶의 방향에 혼란을 느낄 때가 있습니다. 자신이 지금 하는 일을 잘 선택했는지 정확히 모를 때입니다. 그럴 때 이를 확인하는 방법이 있습니다. 다음 두 가지 질문 중에서 한 번이라도 '예!'라고 대답한다면 당신은 잘 가고 있는 셈입니다.

첫 번째 질문은 '원하는 목적지로 향하는 길에서 가끔씩 삶이 즐겁거나 행복하다고 느끼는가?'입니다. 두 번째 질문은 '나의 활동 속에서 가끔씩은 자신이 온전히 발휘되는 느낌을 받는가?'입니다. 즉, 가끔이라도 자신의 활동에 몰입이 된다면 지금의 일이나 삶의 방향을 잘 찾은 것입니다.

아리스토텔레스는 행복을 쾌락과 구분하였습니다. 그는 행복을 단순히 기분 좋은 것이 아니라 유다이모니아eudaimonia 상태라고 말합니다. 유다이모니아는 잠깐의 즐거움이 아닌 자신의 잠재력을 행동과 통합시켜 자아를 최대로 발휘하는 상태입니다. 즉, 행복은 쾌락 사이로 난 길이 아니라 자기 본성에 대한 충실함에서 비롯된다고 본 것입니다.

결국 행복은 자아가 충분히 발휘될 때 느껴지는 자기실현적 감정에 맞닿아 있는 셈입니다. 그렇기에 현재의 일과 활동에서 가끔씩 행복하다고 느낀다면 당신은 스스로를 온전히 발휘하며 길을 제대로 걷고 있는 것입니다.

때때로 당신이 걷고 있는 길이 잘 선택한 길인지 의문이 들면 두 가지 질문을 자신에게 던져보길 바랍니다. 만일 두 가지 질문에 모두 '아니오'라고 대답한다면 당신의 의문은 타당하다고 할 수 있습니다.

나는 이 길에서 최소한 가끔씩은 삶이 즐겁거나 행복하다고 느끼는가?

나의 활동 속에서 자신이 온전히 발휘되는 느낌을 받는가?

09

시간은 당신 편이다

게으름 문제로 상담을 오는 분들 중에는 기본적으로 해야 할 일조차 하지 못할 만큼 무기력한 상태인 경우가 많습니다. 한마디로 의지력이 고갈된 상태라고 할 수 있습니다. 이들은 어떻게 해서 통제불능의 상태가 되었을까요?

첫 번째는 자신의 의지력 한도를 잘 알지 못하고 마구 쓰다가 어느 순간 의지력이 소진된 경우입니다. 두 번째는 의지력을 너무 사용하지 않고 하고 싶은 것만 하고 살아오다 보니 원래 있던 의지력마저 방전되어 고갈된 상태입니다. 즉, 전자는 의지력을 과다사용해서, 후자는 너무 사용하지 않아서 고갈된 것입니다.

어떻게 보면 의지력은 근력과 똑같습니다. 자신이 감당할 수 있는 정

"당신이 어려운 과제를 맡게 된다면,
한 방에 그 과제를 정복해 버리려고 달려들지 마라.
당신의 과거 실력보다 이번에 좀더 잘 싸우게 된다면 그걸로 만족해라.
당신이 의지력을 계발하고 하루하루 조금씩이라도 발전한다면 시간은 당신 편이다."

앨런 라킨

도를 넘어서 운동을 하면 근육이 손상되고, 반대로 근육을 사용하지 않으면 오히려 위축되는 것처럼 의지력도 마찬가지입니다.

그러므로 운동을 할 때에 자신의 현재 체력에 기초하여 단계적으로 과부하를 주는 것과 같이 의지력도 우선 자신의 상태를 파악하여 쉽게 고갈되지 않도록 단계적으로 훈련할 필요가 있습니다. 근력이 약하더라도 단계적으로 운동을 하면 강해지듯 의지력이 아무리 약하다고 해도 점진적으로 훈련을 하면 향상되기 때문입니다.

문제는 욕심과 조바심 그리고 착각입니다. 자신이 너무 뒤쳐져 있다는 불안감에 서두르거나, 단기간에 큰 성과를 내려고 욕심을 부리거나, 결심만 하면 행동은 저절로 뒤따라 올 것이라는 착각 때문에 자신의 현재 능력에 맞지 않는 계획을 세우고 무리해서 실천을 하려는 것이 문제입니다.

하지만 당신의 걱정과 달리 시간은 당신을 두고 도망치지 않습니다. 단, 조바심과 욕심 그리고 착각에서 벗어나 조금씩 나아지려고 하는 마음이 있다면 말입니다. 시간은 꾸준한 사람을 좋아하니까요.

어제보다 조금씩 나아지려는 사람! 시간은 바로 그 사람 편입니다.

10

삶은 비포장도로를 달리는 것

돌아보면 가장 힘들었던 시기는 1986년의 봄이었습니다. 대학에 들어가 맞이한 첫 번째 봄이었는데 세상이 다채로운 빛깔이라면 내 마음은 온통 흑백 같은 느낌이었습니다.

친한 친구들이 모두 서울로 상경하고 혼자 고향에 남은 것도 우울한 이유였지만, 모든 일을 스스로 알아서 해야 하는 대학생활 자체가 나를 힘들게 했습니다. 시키는 사람이 없다는 게 자유롭다기보다 무엇을 어떻게 해야 할지 몰라 불편하고 혼란스러울 따름이었습니다. 마치 울퉁불퉁한 비포장도로를 달릴 때 느끼는 어지러움 같았습니다. 그해 봄부터 시작된 그 어지럼증은 한동안 오래 지속되었습니다.

그러다 30대 중반을 넘어서고 나서야 어지럼증이 사라졌습니다. 내가 원하는 삶을 살아야겠다고 마음먹고 나니까 어지럼증이 약해지기 시작한 것입니다. 즉, 어지럼증이 사라진 이유는 인생이 다시 포장도로로 접어들었기 때문이 아니라 여전히 비포장도로이지만 내가 운전석에 앉아서 핸들을 잡았기 때문이었습니다. 서툰 운전 실력이었음에도 눈앞의 장애물을 피하고 새로운 길을 개척해 나가다 보니, 흔들림이 더 이상 어지러움으로 이어지지 않았습니다.

사람마다 시기가 다르지만 보통 성인이 되면서 인생은 비포장도로로 바뀝니다. 이전의 생활과는 달리 자신의 힘으로 세상을 살아가야 한다는 의미입니다.

그러나 많은 사람들이 이를 깨닫지 못하거나 알면서도 받아들이지 못합니다. 계속 뒷좌석에 앉으려 하고 운전을 배우려 하지 않습니다. 결국 덜컹거리는 비포장길에서 어지럼증에 계속 시달리거나 운전해 줄 사람이 없어 한동안 멈춰 서게 됩니다.

인생은 본질적으로 비포장도로라서 멀미하기 쉽습니다. 이러한 인생에서 가장 좋은 멀미약은 자꾸 포장도로를 찾기보다는 운전석에 앉아 핸들을 잡는 것입니다. 물론 비포장도로를 달리다 보면 몸도 마음도 쉽게 지치고 장애물에 걸려 멈춰 설 때도 있습니다. 그러나 잠시 멈춰 서서 자신의 힘으로 온 길을 돌아보면 그 길 자체가 위안이 되고 용기가 되어 다시 앞으로 나아가게 합니다.

인생은 스스로 걸어온 만큼, 앞으로 걸어갈 인생의 힘이 되어주니까요.

11

영혼상실의 증상들

우울감과 활력저하로 병원을 몇 번 찾았던 분을 우연히 만났습니다.

그동안 무슨 일이 있었는지 얼굴이 한결 좋아졌기에, 궁금해서 비결을 물었습니다. 답은 의외였습니다. "글쎄요. 변화가 있다면 공방에 나가 가구를 만들기 시작했는데 그게 활기를 준 것 같네요."

생각해 보니 그의 우울감은 하기 싫은 일임에도 딱히 대안이 없어 회사를 그만두지 못했던 이유가 컸습니다. 비록 확실한 해결책은 아니었지만 그래도 가구를 손수 만듦으로써 숨통을 틔운 셈입니다.

바다 물총이라는 별명을 가진 멍게는 돌기가 많아 파인애플처럼 생겼습니다. 하지만 유생 시기의 멍게는 올챙이와 같은 모습입니다. 그렇기에 물고기처럼 바다 곳곳을 헤엄쳐 다닐 수 있습니다. 이 시기에는 뇌 역할을 하는 원시적 척수와 신경절이 영양분이 있는 곳으로 다가가게 하거나 해로운 것을 피하게끔 도와줍니다.

그러나 다 자란 멍게는 흡착돌기를 이용하여 바위에 달라붙어 변태를 하기 시작합니다. 성체가 되는 것입니다. 이때부터 멍게는 움직이지 않고 고착생활을 합니다. 유생 시기에 유용했던 뇌와 감각기관이 불필요하게 된 셈입니다. 성체가 된 멍게는 뇌와 감각기관을 삼켜버리고, 먹고 싸는 데 필요한 입과 항문의 소화계만을 남겨 두고 살아갑니다.

멍게를 보면서 우리의 삶을 떠올려봅니다. 우리들의 인생도 어쩌면 멍게와 크게 다르지 않을지 모릅니다. 어느 시기까지는 세상을 이곳 저곳 탐색하다가 언제인가부터 한곳에 뿌리를 내리고 고착생활을 시작합니다. 고착생활이 길어지면서 삶의 방향과 의미를 찾으려는 영혼은 힘을 잃어가고, 먹고 살기 위한 감각과 기능만이 비대해지게 됩니다.

하지만 멍게와 달리 인간에게 영혼은 있어도 되고 없어도 되는 것이 아닙니다. 그렇기 때문에 고착된 삶의 어느 순간부터 권태감, 공허함, 알 수 없는 짜증,

생기부족, 무미건조함, 답답함 등 정신적 증상에 시달리게 됩니다. 중년에 찾아오는 이러한 정신적 상태를 사람들은 흔히 '우울증'이라고 말합니다.

하지만 이는 생물학적 원인의 우울증이 아닙니다. 바로 영혼상실의 증상들입니다. 그러므로 우리는 영혼의 상실을 예방하고 치유할 필요가 있습니다.

어떻게 하냐고요? 고대 유럽에는 영혼의 상실을 막기 위한 풍습이 있었습니다. 그 중에 하나는 생일이 되면 지금껏 한 번도 해보지 못한 일을 실천에 옮기는 것입니다. 1년에 단 하루이더라도 삶에 새로움을 부여하는 것만으로도 영혼이 다시 생기를 띨 수 있는 법입니다.

당신의 영혼은 당신에게 갈구하고 있습니다. 새롭고 낯선 경험을 달라고요.

12

무서운 익숙함

가족에게 폭력을 당한 아이를 보호시설로 데리고 오면 아이는 오히려 불안해 합니다. 놀 것도 많고 친구들과 친절한 어른들도 있는데 아이는 그 상황을 전혀 편하게 받아들이지 못합니다. 오히려 자신을 학대한 가족들에게 돌아가게 해달라고 떼를 쓰고 울음을 터뜨립니다. 안전하고 친절한 공간이 너무 낯설어서 아이는 오히려 불안감을 느낀 것입니다.

학대받은 아이들은 이미 나쁜 상황에 익숙해져 있어 그 안에서 편안함을 느낍니다. 사랑과 보살핌을 베푸는 부모에게만 애착이 형성되는 것이 아니라 자신을 학대하는 부모에 대해서도 강한 충성심이나 애착이 생기기 때문입니다.

"저는 왜 상처 있는 사람을 좋아하는 걸까요?" 누군가 물어온 이야기입니다. 여러 가지 역동적인 이해가 필요하지만 일반적으로는 상처 있는 사람과 함께 있을 때 느껴지는 정서적 친밀감 때문입니다.

정서는 깊은 전염성이 있습니다. 우울하고 불행하다고 느끼는 부모에게서 태어난 아이들은 부모의 정서를 함께 호흡하며 성장합니다. 그렇기에 그들은 성인이 되어서도 우울감과 불행감이라는 정서에 편안함을 느낍니다.

이들은 우울하고 불행하다고 느낄 때 부모와 밀접하게 연결되어 있다는 느낌을 받고, 반대로 행복하고 편안할 때에는 단절된다는 느낌을 느낍니다. 누군가의 애정과 관심으로 행복이 찾아오면 이들은 불안해집니다. '이것은 내 인생이 아니야!'라는 강한 거부감으로, 다가오는 행복을 확 밀쳐버립니다. 그리고 상처가 아물지 않은 사람을 만나 익숙한 불행 관계를 이어갑니다.

상담에서도 비슷한 일이 벌어집니다. 어떤 변화가 일어나기 직전에 내담자들은 종종 불안에 휩싸입니다. 분명 자신의 인생에 도움이 되지 않는 오래된 사고와 습관에서 벗어나는 것이 중요함을 깨닫지만 한편으로 강하게 저항합니다. 오래된 물건이 자신의 일부처럼 느껴져서 버리기 힘든 것처럼 오래된 사고와 습관 역시 자기의 일부가 되어버렸기 때문입니다.

그래서 변화의 문턱에서 사람들은 '내가 이러다가 어떻게 되는 거 아니야?'라며 겁을 먹고 도망치거나 저항합니다.

그런 점에서 보면 사람들은 모두 행복을 원하고 좋은 것을 추구한다고 말하지만 실제로는 그렇지 않습니다. 사람들은 좋은 것이 아니라 익숙하고 친밀한 것을 추구합니다. 설사 나쁜 행동이나 관계라고 하더라도 그 안에 익숙해져 있다면 묘하게 편안함을 느끼고 그 행동과 관계를 반복하게 되는 게 사람입니다.

게다가 대응책이 부족했던 어린 시절에 그 문제행동이나 습관이 나름대로 좋은 해결법으로 작용했다면 더욱 떨쳐내기 쉽지 않습니다.

그렇기에 바람직한 상담이나 코칭은 통찰만을 강조하는 것이 아니라 훈습까지 다루어지는 심리 훈련이어야 합니다. 자신의 문제가 어떻게 형성되고 반복되었는지를 묻고 또 묻는 가운데 인지적·정서적인 자각이 이루어지는 것이 통찰입니다. 반면 새로운 방식을 습득할 수 있도록 계획을 세워 시도하고 반복적으로 체화시켜가는 것이 훈습입니다.

이는 분명 힘든 일이고 때로는 자신의 약점을 내어 보이고 누군가에게 도움을 요청해야 할 일이지만, 익숙함에서 벗어나 좋은 것을 추구하도록 삶의 물꼬를 바꾸는 가치 있는 일입니다.

당신에게도 같은 문제가 반복되고 있다면 그것은 무엇일까요? 이를 개선하기 위해서는 어떤 연습이 필요할까요?

13

권태는 새로운 시작을 알리는 신호

정신과를 찾는 사람들이 꼭 스트레스가 많기 때문에 오는 것은 아닙니다. 반대로 스트레스가 별로 없어서 오는 분도 있습니다. 이들은 큰 걱정이나 스트레스가 없는 반면, 삶이 너무 따분하고 멈춰버린 느낌에 무엇을 해도 재미가 없다고 호소합니다. 물이 고이면 썩는 것처럼 이들도 삶이 제자리에 고이면서 정체감이나 권태감에 휩싸인 것입니다.

이러한 권태나 정체감에서 벗어나기 위해서는 '일탈'이 필요합니다. 그러나 우리는 일탈이라고 하면 먼저 부정적인 것으로 생각하거나 탈선에 대한 깊은 두려움을 지니고 있습니다.

물론 중년의 권태나 정체감을 중독이나 외도처럼 파괴적인 일탈로 해결하려는 사람들도 많습니다. 하지만 일탈이란 꼭 부정적인 것만을 의미하지 않습니다. 익숙함에서 벗어나려는 모든 노력들이 하나의 일탈입니다.

꽃구경을 가고 공연을 보고 색다른 음식을 먹어보는 등 삶에 새로운 자극을 선사하는 것 역시 모두 일탈일 수 있습니다. 그리고 붓을 잡고, 카메라를 들고, 춤을 추고, 글을 쓰는 등 자신을 노래하거나 표현하는 창조적 활동은 생산적 일탈의 최고봉이라 할 수 있습니다.

우리는 생산적인 일탈과 파괴적인 일탈을 구분할 필요가 있습니다. 신유목민의 시대인 21세기에는 파괴적인 일탈만큼 무일탈無逸脫 또한 문제가 될 수밖에 없습니다. 변화의 시대에 절대적인 안전지대란 있을 수가 없기 때문입니다.

예일대학교 심리학 교수인 대니얼 레빈슨은 삶을 '정착과 이주의 연속'이라고 보았습니다. 그는 삶이란 6~7년의 안정기와 4~5년의 전환기가 주기적으로 반복되는 것이라고 합니다. 그러므로 권태는 사실 정착 기간의 종료를 알리는 알람임과 동시에 새로운 시작을 알리는 신호음입니다.

물이 웅덩이를 만나면 썩어가듯이 삶도 틀 안에 갇히면 죽어갑니다. 당신에게 권태감이 찾아왔나요? 그렇다면 삶을 다시 흐르게 할 새로운 시도가 필요하다는 신호가 찾아온 것입니다.

"어떤 사람들은 25살에 이미 죽어버리는데 장례식은 75살에 치른다."

벤자민 프랭클린

14

부모자아

큰아이가 초등학교 1학년 때 열이 많이 난 적이 있습니다. 아내는 학교에 보내지 말자고 했고 나는 '아무리 아파도 학교는 가야지!'라는 생각에 계속 보내야 한다고 주장했습니다. 결국 출근시간에 쫓긴 나는 알아서 하라고 퉁명스럽게 이야기를 하고 집을 나왔습니다. 아내는 자신의 의견대로 학교를 보내지 않았습니다. 그 사실을 알고 다시 화가 났습니다.

그런데 시간이 지나면서 점점 이런 생각이 들었습니다. '나는 왜 아이가 아무리 아파도 학교에 꼭 가야 한다고 생각할까?' 생각할수록 신기했습니다. 왜 이런 신념을 갖게 되었는지 그리고 그것이 과연 나의 신념인지 점차 의문이 들었습니다.

곰곰이 생각해 보니 어릴 때부터 아버지께서 무슨 일이 있어도 학교에 가야 한다고 말씀하는 것을 듣고 자라서 나 또한 자연스레 그렇게 생각하고 있었습니다. 어떻게 보면 내 생각이 아니라 아버지의 생각이 알게 모르게 주입되어 내면화된 것입니다.

물론 부모님의 생각이나 주장이 모두 잘못된 것이라거나 시대착오적인 것이라는 의미는 아닙니다. 다만 성인이 된 후로도 비판적 성찰을 거치지 못한 채 부모님의 가치나 기준을 그대로 믿고 생각한다면 그것은 문제입니다.

그에 비해 비판적 성찰을 통해 걸러낼 것은 걸러내고 자기에 맞게 체화시켰다면 그것은 설사 부모와 같은 생각과 기준이라 하더라도 그 사람의 것이라고 보는 것이 옳습니다.

또다른 예를 들어보겠습니다. 한 여성이 아주 오래된 지갑을 쓰고 있었습니다. 그녀는 '물건을 하나 사면 더 이상 못 쓸 때까지 써야 해'라는 마음이 강했습니다.

그것이 스스로의 비판이나 성찰을 통해 만들어진 신념이면 그녀의 것이겠지만 그녀의 생각은 어머니의 것이었습니다. 가난했던 어린 시절에 "하나를 사면 끝까지 다 쓰고 새 것을 써야 해!"라는 말을 귀에 못이 박히도록 들어서 신념으로 굳어져 버린 것이었습니다.

힘들어도 힘들다고 이야기하지 못하는 사람들이 많습니다. 만일 그 사람이 부모님께 "사내 녀석은 슬퍼도 울지 말고 힘들어도 참아야 해!"라는 말을 많이 듣고 자라왔다면 그 말이 내면화되어 버린 경우입니다.

이렇게 부모님의 가치관이나 생각이 자신의 사유나 비판을 거치지 않은 채 남아 있는 것은 사실 자신의 자아라고 할 수 없습니다. '부모자아'의 일부입니다. 하지만 자신의 사유나 비판을 거쳤다면 그것은 같은 내용이라 하더라도 부모자아가 아니라 '어른자아'라고 할 수 있습니다.

당신에게 있는 부모자아의 모습은 어떤 것일까요?

15

공갈젖꼭지는 가짜 위안일 뿐

상담실에서는 양극단의 사람들을 만나볼 수 있습니다. 어떤 사람들은 작은 문제에도 어쩔 줄 몰라 하지만 어떤 사람들은 발등에 불이 떨어졌는데도 너무 태연합니다. 학사경고를 받아 제적당할 위기에 있는데도 공부를 하지 않고 게임만 하거나 이혼을 당하고 길거리에 나앉을 판임에도 술만 마시는 사람들이 있습니다. 이들은 왜 이렇게 태연한 것일까요?

아기를 키워본 사람들은 알겠지만 공갈젖꼭지라는 게 있습니다. 아기의 울음을 그치게 하려고 만든 가짜 젖꼭지입니다. 아기가 손가락을 심하게 빨거나 잠투정이 심하거나 젖을 떼는 게 힘들 때에 이것을 제한적으로 사용하면 좋습니다.

그렇지만 공갈젖꼭지를 과도하게 사용하면 정서발달과 스트레스 대처능력에 좋지 않은 영향을 미칩니다. 아이의 울음에는 다양한 이유가 있는데 공갈젖꼭지를 물리는 것은 원인을 해결하지 않고 가짜 위안을 통해 심리적·신체적 불편을 일시적으로 잊게 만드는 것에 불과하기 때문입니다.

조금 더 큰 아동들에게도 공갈젖꼭지와 비슷한 것이 있습니다. 바로 게임기능이 있는 전자기기입니다. 많은 부모들은 아이들이 다루기 힘들 정도로 칭얼거리거나 심심해할 때 쉽게 게임기를 주곤 합니다. 아이들의 마음을 살펴주고 함께 시간을 보내기보다는 게임이나 하면서 조용히 있으라는 메시지입니다. 아이들은 결국 자신의 심리적 불편을 제대로 해결하지 못하고 게임에 빠져 순간적으로 기분을 전환합니다.

이것 역시 일시적이며 가짜 위안일 뿐입니다. 결국 조금이라도 불편해질 때마다 공갈젖꼭지를 찾는 아기들처럼 아동들도 기분이 좋지 않거나 심심하면 게임기부터 찾습니다.

그런데 이는 아기와 아동들에게만 해당되는 이야기일까요? 가만히 보면 어른들도 다르지 않습니다. 어른들 역시 갖은 스트레스로 힘들어지면 그 문제에 직면하기보다는 불편한 마음을 느끼지 않으려고 중독적인 행동에 쉽게 빠져들고 맙니다. 게임·음식·쇼핑·TV·알코올·스마트폰 등은 어른들이 흔히 사용하는 공갈젖꼭지인 셈입니다.

어디 그뿐일까요? 일이나 운동, 취미나 종교 활동 등도 일상 생활과의 균형을 잃은 상태라면 이 또한 어른들의 공갈젖꼭지라고 볼 수 있습니다.

즉, 그것이 무엇이든 자신의 마음과 현실을 접촉하지 못하게 함으로써 문제를 외면하게 만드는 모든 것이 공갈젖꼭지입니다. 이는 스트레스를 해소하는 도구가 아니라 결국 문제를 외면하고 악화시키는 가짜 위안일 뿐입니다.

그렇다면 어떻게 해야 할까요? 공갈젖꼭지를 떼면 처음에는 아이들이 보채지만 그 시기 동안 아이와 잘 놀아주고 보살펴주면 아이는 심리적 안정을 되찾아 더 이상 공갈젖꼭지를 찾지 않습니다.

어른들도 마찬가지입니다. 공갈젖꼭지를 떼고 자신의 내면과 대면해야 합니다. 힘들지만 스스로를 보살피는 마음으로 자신에게 필요한 것이 무엇인지를 계속 묻는다면, 우리는 공갈젖꼭지를 떠나보내고 진짜 위안을 주는 새로운 활동이나 대상을 향해 나아갈 수 있습니다. 우리에게는 더 나은 삶을 원하는 근본적인 향상심이 있기 때문입니다.

16

나와 남 사이에서 균형 잡기

한동안 나는 적응을 잘하는 사람이라고 생각했던 적이 있습니다. 분위기 파악을 잘하는 편이었고 주어진 일도 잘해왔으며, 나를 싫어하는 사람이 없게끔 예의 바르게 행동해서 갈등을 빚은 적도 없었기 때문입니다.

그런데 어느 날 나를 가만히 보니 아무 색깔도 없이, 적당히 타협하며 좋은 게 좋은 거라고 생각하며 살아가고 있었습니다. 나름 적응을 잘해왔다고 생각했던 것이 사실은 순응이었으며, 외부에 초점을 맞추느라 자신을 팽개치고 있었음을 뒤늦게 알아차린 것입니다.

적응에는 두 가지 의미가 있습니다. 하나는 자신을 억제하고 환경이나 상황에 자신을 맞추는 조절accommodation의 의미입니다. 이는 소극적

의미의 적응이며 순응이라 할 수 있습니다.

그에 비해 적극적인 적응은 단순히 환경과 조화로운 관계를 유지하는 차원을 넘어 자기의 욕구나 동기를 충족시키기 위해 자신에 맞게 환경을 변화시키는 것을 말합니다. 이를 동화assimilation라고 표현합니다. 일이라고 한다면 주어진 일에 자신을 꿰맞추는 것은 조절이고, 자신에 맞게 일을 계속 변화시켜가는 것은 동화라고 할 수 있습니다.

외부에 자신을 맞추는 것이 순응이라면 적응은 외부와 자아의 조화를 꾀하는 활동입니다. 그렇기에 건강한 적응은 조절과 동화 사이의 균형을 필요로 합니다. 즉, 지나친 조절로 주체성을 잃기 쉽고 과도한 동화는 경직성과 갈등으로 인해 적응을 어렵게 하기에 안정과 변화의 균형을 맞추는 것이 적응의 관건이라 할 수 있습니다.

인간관계에서 계속되는 외부와의 갈등으로 불협화음이 끊이지 않는 부적응도 문제이지만, 외부에만 자신을 맞추느라 자신에 맞게끔 환경을 변화시키지 못하는 무소음 또한 부적응이라 할 수 있습니다. 그러므로 다른 사람에게 맞추어 나를 변화시키는 태도는 물론, 나에게 맞추어 다른 사람들이 변화하도록 영향을 미치는 것도 중요한 셈입니다.

당신에게 적응이란 어떤 의미일까요? 과연 당신은 잘 적응하고 있는 것일까요?

"어떤 사람이 적응을 잘한다고 할 때, 그는 생산적인 삶을 살 수 있고 삶을 즐길 수 있으며, 정신적 평형상태를 유지할 수 있다는 것을 말한다."

하인츠 하트만

17

당신의 마음 통장은 플러스인가요?

은행 잔고를 얼마 만에 한 번씩 확인해 보세요? 영국 HSBC의 조사에 의하면 은행 이용객의 12퍼센트는 하루에 네 번씩 은행 잔고를 확인하고, 50퍼센트는 최소한 하루 한 번씩 잔고 조회를 한다고 합니다. 그리고 응답자의 25퍼센트는 잔액을 페니 단위까지 아주 자세히 기억한다고 합니다.

하루에 네 번이라면 일종의 강박행동에 가깝지 않나 싶은데 아무튼 대부분의 사람들이 자신의 경제적 상태를 비교적 잘 알고 있다는 것을 알 수 있습니다. 경제적 상태를 잘 알아야 그에 맞게 소비와 저축을 조정하게 될 테니까요.

우리 마음도 통장에 비유해 볼까요? 부정적인 생각, 감정, 경험은 지출이라고 볼 수 있고, 긍정적인 생각, 감정, 경험은 일종의 저축이라 할 수 있습니다. 저축이 많으면 우리 마음은 플러스 상태가 되어 삶이 생산적인 방향으로 나아가지만, 저축보다 지출이 많으면 마이너스 상태가 되어 파괴적인 방향으로 흘러갑니다.

이러한 마음 통장은 개인에게만 존재하지 않습니다. 관계에도, 조직에도 더 나아가 사회에도 존재합니다. 이를 테면 부부 사이에 부정적 감정보다 긍정적 감정이 더 많으면 관계가 유지될 수 있지만 부정적 감정이 더 커지면 관계는 악화되고 끝내는 파산할 수밖에 없습니다.

그런데 문제는 우리가 마음의 잔고를 은행 통장처럼 수치로 확인할 수 없다는 사실입니다. 아니, 더 큰 문제는 우리의 의식은 마음의 잔고 상태를 속이기까지 합니다.

사실은 마이너스 상태인데도 우리는 자꾸 괜찮다고 생각합니다. 특히 관계에서의 마음 통장은 더욱 더 그렇습니다. 자신은 관계를 위해

저축을 했다고 생각했는데 상대는 그렇게 생각하지 않는 경우가 허다합니다. 서로 노력은 하지만 제대로 소통하지 못해 상대가 원하는 것을 주지 못하고 엉뚱한 것을 주기 때문입니다.

그러므로 우리는 경제적 상태만 자꾸 확인할 것이 아니라 자신의 마음 통장이나 중요한 사람과의 관계 통장도 잘 살펴볼 필요가 있습니다. 자신의 마음과 상대방에게 얼마나 저축을 했는지 물어보아야 합니다.

지금 한번 확인해 보세요. 당신의 마음 통장은 마이너스 상태인가요, 플러스 상태인가요? 만일 마이너스라면 무엇을 해야 플러스로 바뀔 수 있을까요? 당신이 진지하게 물어본다면 당신의 마음과 상대방은 무엇이 필요한지 답을 해줄 것입니다.

18

눈앞의 작은 만족에 매달리지 말 것

해외에서 오래 살다가 온 사람들이 우리나라 사람들을 보면 안경을 쓴 이들이 너무 많아서 놀란다고 합니다. 국가별로 근시에 대한 통계를 보면 동아시아 국가 중 우리나라가 그 비율이 높은 것으로 나타납니다. 불과 몇십 년 전만 하더라도 안경 쓴 사람이 소수였지만 지금은 초등학생 때부터 시력 이상을 보이는 경우가 많기 때문입니다.

왜 그럴까요? 매일 대부분의 시간을 TV, 컴퓨터, 휴대전화, 책 등 근거리의 시각 매체에만 매달려 보내고 있으니 시력에 이상이 생길 수밖에 없습니다. 특히 1980년대 이후로 근시 환자의 비율이 높아지고 있는데 이는 유전적 요인이 아니라 환경적 요인이라고밖에 볼 수 없습니다. 과도한 교육과 시각매체, 밀도 높은 도시화로 인해 자꾸 가까운 것만 바라보기 때문입니다.

마음도 마찬가지입니다. 마음에도 근시가 생겨날 수 있습니다. 심리적 근시mental myopia란 말 그대로 미래는 생각하지 않고 현재에만 매몰되어 살아가는 것을 의미합니다. 바로 눈앞의 고통이나 즐거움, 안전에만 신경을 쓰는 사람들입니다. 이들은 눈앞의 고통을 피하거나 눈앞의 즐거움을 누리느라 장기적인 삶의 방향을 놓치기 쉽습니다.

공부하기 귀찮아서 게임에만 몰두하는 학생, 월급의 유혹에서 벗어나지 못해 원하는 일이 있음에도 도전하지 못하는 직장인, 장기보유보다는 단타매매에 급급한 주식투자자 등이 바로 심리적 근시 환자라고 할 수 있습니다. 큰 만족을 위해 작은 만족을 포기할 줄 알아야 하는데 그러한 끈기가 부족한 사람입니다.

그렇다면 이 마음의 근시를 어떻게 치료해야 할까요? 호주의 한 연구진에 따르면 야외 활동을 많이 하는 아이들이 그렇지 않은 아이들보다 시력 이상이 적은 것으로 조사되었습니다. 근거리의 시각매체를 마주하는 시간을 줄이고 자연 속에서 생활하다보니 근시가 적은 것입니다.

심리적 근시의 대책 역시 마찬가지입니다. 어떤 선택과 행동을 하기 전에 그 결과가 미칠 영향을 마음으로 그려보고, 보다 큰 만족이 주어지는 상황을 생생하게 상상하며 지금의 작은 만족을 미루는 연습이 필요합니다.

어제와 오늘, 오늘과 내일을 연결해서 볼 수 있다면 마음의 시력도 많이 좋아지지 않을까요?

19

마음 뒤의 마음을 보라

딸아이에게 불같이 화를 내는 문제로 상담실에 온 여성이 있습니다. 이 여성은 분노를 통제하지 못하는 자신에 대해서 괴로워했습니다.

그런데 상담이 이어지면서 정작 분노보다는 그 뒤에 감추어져 있던 '무능감'과 '낮은 자존감'이 더 받아들이기 힘든 감정이었음을 알게 되었습니다. 딸이 자신의 생각과 다른 이야기를 하거나 불만을 이야기하면 마치 자신을 얕잡아보는 것 같고 무능한 엄마가 된 듯한 느낌이 컸던 것입니다.

하지만 이 감정들은 그녀가 맞닥뜨리기 힘든 것이었기에 불같이 화를 냄으로써 그 감정들을 피할 수 있었습니다. 즉, 분노라는 감정을 핵심적인 문제라고 느껴서 상담실에 왔지만 사실 1차적인 감정은 무능감과 낮은 자존감에서 비롯되는 문제였습니다.

실제 분노라는 감정을 가만히 살펴보면 분노하기 이전에 경험하기 싫은 고통스러운 감정들이 먼저 나타나는 경우가 많습니다. 수치심, 무능감, 죄책감, 두려움 등이 대표적인 분노 전 감정들pre-anger feelings입니다. 이러한 감정들은 분노 앞에 나타나 분노를 촉발시키고 나서 재빠르게 분노 뒤로 숨어버립니다. 그렇기에 우리는 정작 자신을 괴롭힌 고통스러운 감정은 보지 못하고 표면에 드러난 감정에 압도되어 다른 사람이나 세상을 탓하게 됩니다.

그런데 분노를 조절하는 데 가장 중요한 점은 아이러니하게도 분노를 통제하려는 '관리자manager' 역할을 포기하고 '관찰자observer'가 되는 것입니다. 즉, 분노와 한 걸음 떨어져서 분노 뒤의 숨은 감정과 상처가 무엇인지 돌아보는 것입니다. 자신이 왜 그토록 화가 났는지를 이해하게 되면 분노는 약해지게 마련입니다.

마찬가지로 자신을 이해하기 위해서는 '마음의 관찰자'가 되어 양파 껍질을 벗기듯이 마음 뒤의 마음을 살펴보는 자세가 필요합니다. 이처럼 자신의 속마음을 이해하면 할수록 혼란은 잦아들고 삶의 안정감은 커집니다.

당신의 마음 뒤에는 어떤 마음들이 숨어 있을까요?

20

인생에 빨간불이 켜질 때

운전을 하다가 연료가 부족하면 계기판에 불이 들어옵니다. 물론 연료가 전혀 없는 것이 아니라 10~15퍼센트 정도는 남아 있기 때문에 곧바로 차가 서지는 않습니다. 차종에 따라 다르지만 보통 50~100킬로미터는 더 갈 수 있습니다.

하지만 그것을 믿다가는 자칫 연료가 완전히 고갈되는 낭패를 볼 수도 있고, 자동차 부품에 손상이 생기기도 합니다. 그러므로 계기판에 불이 들어왔다면 일단 연료 소모를 줄이고 기름부터 넣어야 합니다. 물론 대부분의 사람들은 연료 계기판을 자주 확인해서 빨간불이 들어오기 전에 기름을 넣습니다.

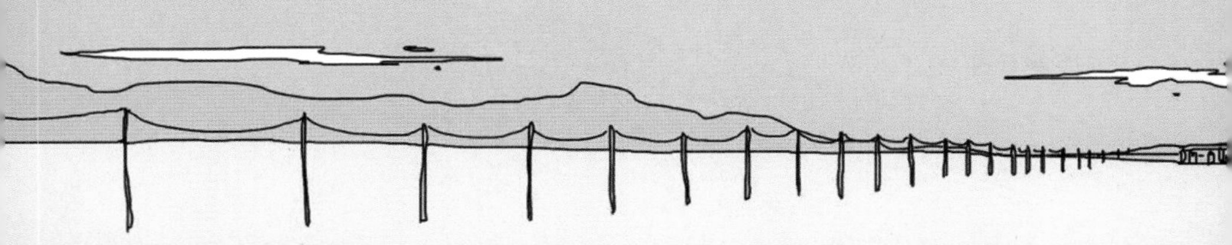

그런데 문제는 우리 자신의 연료 상태는 잘 확인하지 못한다는 사실입니다. '번 아웃 증후군Burn Out Syndrome'으로 상담실을 찾아오는 사람들이 많습니다. 이 용어는 자동차가 연료를 다 써버려서 멈춰선 것처럼 사람이 자신의 에너지를 다 소진해 버리고 무기력과 탈진 상태에 빠진 상태를 말합니다.

어떻게 보면 게으름이나 슬럼프 또는 우울증처럼 보일 수 있지만 그 과정이 다릅니다. 이들은 갑자기 멈춰선 것처럼 보이지만 사실 오랜 시간 동안 심신에 빨간불이 들어와 있던 경우가 대부분입니다. 즉, 만성적인 피로감과 같은 신체적 증상, 부정적인 감정 상태 등 위험 신호가 울렸는데도 이를 무시하고 계속 달렸기 때문에 주저앉게 된 것입니다.

과거에는 이러한 번 아웃 증후군이 감정노동을 심하게 하거나 남을 위해 봉사하는 직업군, 완벽주의적 성격을 가진 사람에게서 많이 관찰되었습니다.

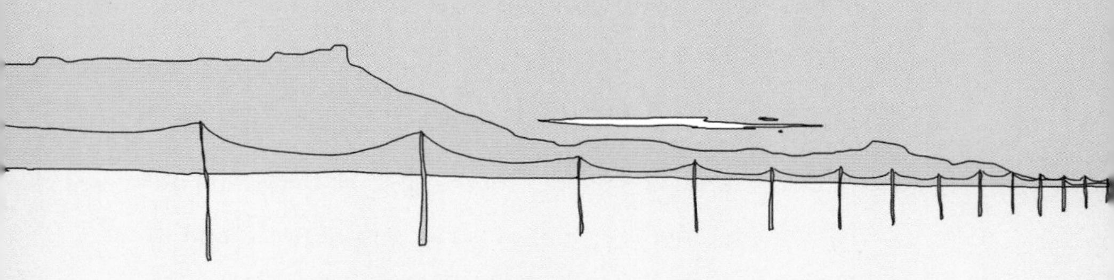

"빠른 마음은 병들어 있다. 느린 마음은 건강하다.
고요한 마음은 거룩하다."

메헤르 바바

그러나 시간이 갈수록 전 직업군의 다양한 사람들에게서 나타나고 있습니다. 특히 최근에는 자녀교육에 헌신하는 주부나 공부에 매진하는 학생들에게서도 자주 보이는 현상입니다. 모두 자신의 상황이나 능력을 고려하지 못한 채 과도하게 역할을 수행하거나 성과를 향해 쉬지 않고 내달리기 때문입니다.

자동차와 달리 사람의 에너지 계기판은 잘 보이지 않습니다. 하지만 스트레스로 인한 심신의 크고 작은 신호들은 당신의 에너지가 어떤 상태인지를 여실히 드러내는 계기판 바늘과 같습니다.

자신의 에너지 계기판을 보세요. 만일 에너지가 별로 남아 있지 않은 상태라면 과거 당신의 에너지가 재충전되었던 경험을 떠올려보세요. 그리고 이를 현재의 소진 상태에서 어떻게 활용할 수 있을지 생각해 보세요.

내 마음 들여다보기

자신을 제대로 이해하면 세상살이가 편해집니다. 자신이 무엇을 좋아하고 싫어하는지, 무엇을 잘하고 못하는지, 무엇이 중요하고 중요하지 않은지, 무엇을 알고 모르는지를 안다면 굳이 겪지 않아도 될 어려움을 피하고 자신에게 꼭 맞는 삶을 살아갈 수 있기 때문입니다.
이처럼 자기를 인식하기 위해서는 타인의 평가도 중요하지만 무엇보다 스스로를 살펴보는 연습이 필요합니다.

첫째, 마음 뒤의 마음을 보라

자신을 이해하는 가장 중요한 토대인 감정인식. 자신이 느낀 감정이 어디에서 왔고 행동에 어떤 영향을 주는지 이해하는 것이야말로 자기를 인식하는 기초가 됩니다.
이를 위해 '감정관찰일지'를 쓰면 좋습니다. 오늘 하루 자신에게 어떤 감정이 가장 크게 느껴졌는지 살피고 이를 구체적으로 기록하는 것입니다. 언제, 어떤 상황에서 어떤 일이 벌어졌는지, 그 일을 어떻게 판단하고 해석했는지, 그 과정에서 어떤 감정과 충동이 일어났는지, 그때 마음을 어떻게 표현했는지 적다보면 자신의 감정을 잘 이해하고 좀더 다양한 시선으로 자기를 관찰할 수 있습니다.

둘째, 마음을 스크린에 띄워라

손바닥이 바로 눈앞에 있다면 손바닥이 보일 리가 없습니다. 이와 마찬

가지로 자신을 자세히 관찰하려면 거리가 필요합니다. 즉, 마음을 잘 보려면 자신의 마음을 객관적으로 바라볼 또 하나의 마음이 필요합니다.
이를 위해 마음을 극장의 스크린으로, 자신을 관객으로 상상해 봅니다.
이제 자신의 생각이나 느낌이 스크린에 떠오르면 '나는 지금 ~라고 느끼고 있구나'라고 소리 내어 표현해 봅니다. '~구나'라는 말에는 관찰의 의미가 들어 있기 때문입니다.
예를 들어 '엄마 잔소리 때문에 짜증나 죽겠어'라는 생각이 떠오르면 '엄마 잔소리를 듣고 내가 지금 짜증을 내고 있구나'라고 이야기하는 것입니다.

셋째, 일상에서 강점을 찾아라

일상에서 자신이 잘하는 것은 무엇인지, 무엇을 할 때 즐겁고 그 안에 어떤 강점이 들어 있는지 관찰합니다. 처음에는 낯설겠지만 '내가 잘하는 것은 무엇인가?'라는 질문을 계속 던지면 점점 구체적인 답을 찾을 수 있습니다.
특히 과거와 현재, 자신에게 즐거움을 주었던 시간 중에서 어떤 강점이 반영되어 있는지 생각합니다.
강점에 대한 질문과 인식이 깊어지면 긍정적인 사고가 촉진되고 삶에 방향성이 부여되며 일상에서 몰입하는 시간이 늘어납니다.

넷째, IT기기의 사용을 잠시 중단하라

혼자 있는 시간이 많아졌지만 오히려 자신과 마주하는 시간은 줄어들

었습니다. IT기기나 TV 등으로 인해 늘 무언가에 마음을 빼앗겨 있기 때문입니다. 특히 모바일의 발달은 여러 편리함에도 불구하고 자기접촉을 차단함으로써 자기인식을 방해합니다.

패스트푸드가 빠르고 간편한 음식이지만 건강에 좋지 않다는 것을 알고 자제를 하는 것처럼 이제는 모바일과 IT기기 사용을 줄여야 합니다. 적어도 하루에 1시간 이상은 휴대전화나 컴퓨터를 사용하지 않고 자신만의 시간을 보내도록 합니다.

두 번째 세션

정신적 맷집 키우기

모든 생명은 힘껏 살아간다

21

삶의 낙법을
익혀라

2006년, 한 이벤트 홀에서 혼다 사의 이족보행 로봇인 아시모의 시연회가 있었습니다. 운이 없게도 그날 아시모는 계단을 올라가다가 떨어졌습니다. 문제는 뒤로 넘어진 아시모가 머리를 바닥에 부딪힌 다음 다시 일어나지 못했던 것입니다. 당황한 진행자는 그 모습을 커튼으로 가렸고 행사는 급히 중단되었습니다.

그 장면을 보면서 '혼다에서 인간형 로봇을 만들 때 어디에 인간답다는 의미를 두었을까?'를 생각해 보았습니다. 어쩌면 혼다는 장애물을 피하는 탐지장치나 넘어지지 않는 균형 기술을 중요하게 여기지 않았나 싶습니다. 하지만 넘어질 때 자신을 보호할 수 있는 것과 다시 일어설 수 있는 능력을 갖추는 것이 더 중요한 인간적 기능이 아닐까요?

아이를 키워보면 학습의 가장 기본은 '시행착오'임을 알게 됩니다. 아이들은 서툴고 수없이 넘어지지만 그럼에도 포기하지 않고 다시 일어나서 다른 방법으로 시도하고 또 시도합니다. 넘어지는 게 두렵다고 뛰지 않는 아이를 본 적이 있나요? 글자를 배우는 게 어렵다고 포기하는 아이를 보았나요?

배우고 익히는 것은 인간의 본능입니다. 그리고 그 학습이란 시행착오, '시도-실패-재시도'의 과정으로 이루어져 있습니다. 그러므로 아이들은 뜻대로 되지 않는 것을 배움의 과정이라고 자연스럽게 받아들입니다.

그러나 자라면서 우리는 넘어질까 봐 두려워 하다가 실패를 통한 학습본능을 잃어버립니다. 중요한 것은 넘어지지 않는 것이 아니라 넘어지더라도 다시 일어서는 것이고, 넘어짐으로써 어떻게 하면 넘어지지

않을 수 있는지를 배우는 것인데도 말입니다.

물론 아무리 실패를 통해 배운다지만 충격이 없는 실패란 있을 수 없습니다. 그러므로 인생에서 필연적으로 맞이할 수밖에 없는 좌절과 실패 앞에서 충격을 최소화하는 낙법을 익혀야 합니다.

우선 넘어졌다는 사실만으로 절망하거나 자신의 가치가 위협을 받는다는 느낌에서 벗어나야 합니다. 넘어졌다는 사실은 자신이 도전하고 배우는 과정에 있다는 것을 말하며, 그 과정을 통해 점점 더 잘할 수 있음을 몸과 마음에 익혀야 합니다.

이를 위해서는 실제 넘어진 곳에서 도망치지 않고 반복적으로 도전하여 앞으로 나아가는 '극복 경험'이 꼭 필요합니다. 그 극복 경험이 있을 때 우리는 안전하게 넘어질 수 있고, 또다시 일어나 앞으로 나아갈 수 있는 삶의 낙법을 익히게 됩니다.

당신은 삶의 낙법을 익혔나요?

22

모든 생명은
힘껏 살아간다

영하 273도나 영상 151도에서도 생존할 수 있는 생명체가 있다면 믿으시겠습니까? '타디그레이드Tardigrade'라는 벌레가 그 주인공입니다. 이들은 이끼 등의 세포액을 빨아먹고 사는 생물로 히말라야 산맥이나 깊이 4,000미터 바다 속, 남극과 북극, 사막과 적도 지역 등 전 세계 어느 곳에서도 살아가는 질긴 생명력을 가지고 있습니다.

심지어 이 벌레는 2007년 유럽우주국의 무인우주선을 타고 우주로 날아가 물도 산소도 없는 환경에서도 정상적으로 알을 낳고 번식해 과학자들을 놀라게 했습니다.

남아프리카 나미비아 사막은 강수량이 적기로 유명한 곳입니다. 이곳에 사는 '스테노카라Stenocara'라는 딱정벌레는 비 한방울 내리지 않는 건조한 기후에도 끄떡없습니다. 그 극한 환경에 적응하기 위해 있는 힘껏 살아왔기 때문입니다.

이 딱정벌레의 등에는 1밀리미터 간격의 돌기가 촘촘하게 늘어서 있는데 이 돌기의 끝부분은 물과 친하고 바닥면은 물과 친하지 않습니다. 사막의 아침에 안개가 끼면 딱정벌레는 바람이 부는 방향을 등지고 물구나무를 섭니다. 그러면 안개 중의 수증기가 돌기 끝에 붙게 되고 점점 커진 물방울이 자기 무게를 이기지 못하고 굴러 떨어집니다.

이때 바닥면이 물을 밀어내게 되므로 물방울은 딱정벌레의 입으로 들어갑니다. 비가 오지 않는 사막에서 딱정벌레가 수분을 얻으며 살아가는 방법입니다.

지구상에는 참 많은 생명체들이 있습니다. 이 생명체들의 생활환경과 조건은 모두 다릅니다. 생명이 자라나기에 아주 좋은 환경도 있지만 살아가기에는 너무 엄혹한 환경도 있습니다.

그러나 자신의 환경을 탓하느라 생존과 성장을 게을리하는 생명은

없습니다. 모든 생명체는 어떤 조건에서도 자신의 능력을 최대한 발휘하여 삶을 유지하고 번식합니다. 아무리 열악한 사막이나 원자폭탄이 투하된 곳에서도 식물은 다시 싹을 틔워 내고, 만년설이나 끓는 온천수 같은 최악의 환경 속에서도 곤충은 번식을 이어갑니다.

이는 힘센 동물이라고 예외가 아닙니다. 맹수의 제왕이라는 사자도 가젤 한 마리를 사냥할 때에는 있는 힘껏 노력합니다.

아무리 보아도 쉽게 살아가는 생명은 없습니다. 모든 생명은 있는 힘껏 살아가고 있습니다. 모든 생명이 그렇듯 가장 고도의 생명체인 인간에게도 온전히 최선을 다해 살아가는 힘이 있습니다.

어떤 환경에서 인생을 시작했든, 어떤 부모를 만났든, 혹은 어떤 일을 겪었든지 간에 우리는 생명으로서 있는 힘껏 살아갈 수 있는 존재입니다. 우리 안에는 그 원칙적 생명력이 있습니다.

저는 당신도 그렇다고 생각합니다.

23

그래도 할 수 있는 것

작업 중에 오른팔을 잃은 K씨는 3년이 넘게 우울증으로 치료 중입니다. 몸을 백 냥으로 치면 잃어버린 오른팔은 아흔 냥쯤으로 느껴집니다. K씨는 그 몸으로 무엇을 할 수 있겠느냐 싶어서 매일 자신의 불행을 원망하고 사람들을 피합니다. 병신이 된 자신의 몸을 보이고 싶지 않고 사람들의 값싼 동정을 받고 싶지 않아서입니다.

그런데 그보다 더 끔찍한 일을 경험한 사람이 있습니다. 석창우 화백은 전기기사로 일하다가 2만 2,900볼트의 전기에 감전되어 두 팔을 절단하게 되었습니다. 화장실에서 스스로 뒤처리도 할 수 없었던 그는 남은 삶에서 어떤 의미조차 발견하기 어려웠습니다.

깊은 실의에 빠져 있던 어느 날, 철없는 네 살짜리 아이가 그에게 새를 그려달라고 떼를 썼습니다. 그는 순간 화가 났지만 평소 안아주지 못해 늘 미안했던 아들이었기에 의수 갈고리에 연필을 끼워 밤새 새 한 마리를 그렸습니다.

어떤 작은 계기를 기다리고 있었던 것일까요? 그 새 그림 하나가 새로운 삶을 향한 시발점이 되었습니다. 그는 아무것도 할 수 없다는 자괴감에 깊이 빠져 있었지만 서툴더라도 그림은 그릴 수 있을 것 같았습니다. 그러자 더 배우고 싶은 마음이 들었습니다.

그러나 찾아간 화실마다 그를 받아주는 곳은 없었습니다. 그는 결국 미술학원 대신 서예학원에서 서예를 배우는 것으로 대신해야 했습니다. 그는 서예 실력을 익힌 다음 누드크로키를 배워 '서예 크로키'라는 독자적인 영역을 탄생시켰습니다.

줄리언 로터라는 심리학자는 '통제소재locus of control'에 따라 사람을 두 부류로 나누었습니다. 통제의 소재가 외부에 있다고 믿는 사람들은 운명이나 환경, 타인 등 외부적 요인에 의해 자신의 삶이 만들어진다고 생각하고, 통제의 소재가 내부에 있다고 믿는 사람들은 자신의 판단과 노력으로 삶을 만들어간다고 생각합니다.

물론 양극단의 태도는 모두 정신건강에 해롭습니다. '모든 일은 다 내가 선택한 결과'라고 할 만큼 지나친 내적 통제소재를 가지고 살아간다면 숨 막힐 노릇이고, '삶이란 내가 영향을 미칠 수 없는 것'이라고 생각하면 스스로 할 수 있는 일은 별로 없을 것입니다.

극단을 경계해야겠지만 기본적으로 통제소재가 자기 내부에 있다는 생각이야말로 주도적인 삶을 위한 필수 요소입니다.

당신은 어느 쪽인가요? 문제와 어려운 상황에 부딪혔을 때 해결책을 찾으려고 노력하는 사람인가요, 아니면 상황을 바로잡으려는 행동을 하기보다는 환경을 탓하고 걱정만 하는 사람인가요?

만일 당신이 후자라면 어떻게 해야 할까요? 통제소재를 외부에서 내부로 움직이는 훈련이 필요합니다. 어떻게 하냐고요? 어려운 상황에 부딪힐 때마다 이렇게 이야기해 보세요. "나는 이 문제에 맞서 뭔가 할 수 있어"라고요. 그리고 할 수 있는 것을 찾아서 차근차근 시도해 보는 것입니다.

24

애벌레가
쓴 풀을 먹는 이유

제주왕나비나 사향제비나비는 애벌레 때 쓴 풀을 먹는다고 합니다. 왜 맛있는 풀을 두고 쓴 풀을 먹는 것일까요? 놀랍게도 애벌레 때 먹었던 풀의 쓴 맛이 나비가 된 다음에도 몸에 남아 있기에, 이 나비를 잡아먹어본 새들은 두 번 다시 이들을 먹지 않는다고 합니다. 나비들은 살아남기 위해 쓴 풀을 먹어야 한다는 것을 애벌레 때부터 아는 것입니다.

1960년대 초반 스탠퍼드대학교 생물학자 로버트 사폴스키는 갓 태어난 쥐 몇 마리를 21일 동안 매일 작은 우리 속에 15분 정도 격리시켰습니다. 그리고 15분 뒤에 다시 어미에게 보내주었고 이를 격리경험을 겪지 않은 다른 쥐들과 비교해 보았습니다.

실험 결과 '일시적 격리'를 경험했던 쥐들은 더 모험적이고 더 용감했으며 스트레스에 덜 민감하게 자라남을 관찰할 수 있었습니다. 일시적인 분리와 어미와의 재결합이 스트레스에 더 유연하게 대처하도록 만든 것입니다.

많은 부모들이 자식들의 기를 죽이지 않으려는 마음에 좌절감을 겪지 않도록 보호합니다. 특히 경제적 어려움 때문에 못한 것이 많은 부모들은 부족한 것 없이 해주려고 합니다. 자식이 잘되기를 바라는 부모의 마음입니다.

하지만 좌절이나 어려움을 겪지 않는 것이 과연 자녀들의 성장에 좋은 것일까요? 지나친 좌절과 어려움은 인간을 무기력하게 만들지만 좌절 경험과 어려움의 결핍은 우리를 취약하게 만듭니다.

실제 상담에서 보면 좌절이나 어려운 경험이 많은 사람들만큼이나 그러한 경험이 부족한 사람들이 찾아옵니다. 좌절이나 어려움을 겪어

보지 못한 사람들은 그것을 견뎌내는 힘도 부족하기 때문입니다.

'적절한 좌절'과 '적절한 어려움'을 경험하게 하는 것은 부모가 아이에게 주는 정신적인 선물과 같습니다. 좌절과 어려움은 우리가 생각하는 것처럼 나쁜 것이 아니고 아이를 망치는 것도 아닙니다. 오히려 적절한 좌절과 어려움은 힘이 되고 약이 됩니다.

스스로 스트레스에 취약하다고 느끼나요? 그렇다면 스트레스를 너무 많이 받아서인가요, 아니면 겪어야 할 스트레스를 너무 겪지 않아서인가요?

25

흔쾌히 잊어버리기

둘째 아이가 세 살 무렵에 장난을 치다가 손가락이 잘린 적이 있었습니다. 이로 인해 두 번의 수술을 받았고 한동안 통원치료를 받아야 했습니다. 수술장 앞에서 울며 발버둥 치던 아이의 모습이 지금도 어제 일처럼 선명하게 떠오릅니다. 그런데 당시에 이런 걱정이 들었습니다. '이번에 너무 아프고 놀라서 예전처럼 뛰어놀지 못하면 어쩌나?'

하지만 웬걸! 수술 후 며칠 지나지 않아 병원은 아이의 또다른 놀이터가 되었습니다. 아이는 수액이 꽂힌 폴대를 밀고 다니면서 병원을 휘젓고 다녔습니다. 그러니 퇴원하고 나서는 오죽했겠습니까? 그때 아이를 보면서 크게 배운 것이 있습니다. '아이들은 안 좋은 일이 있어도 잘 잊어버리는구나!'

어른들은 조금만 속상한 일이 있어도 쉽게 벗어나지 못합니다. 왜 자신에게 이런 일이 일어났는지 받아들이지 못하고 계속 그 일에 갇혀 삽니다. 그러다 보면 기억이 우리를 붙잡고 놓아주지 않는 것인지, 우리가 기억을 붙잡고 놓지 않는 것인지조차 헛갈릴 정도입니다.

나이가 들면서 우리는 점점 정신적 반추동물이 되어버린 것입니다. 좋지 않았던 일을 소처럼 계속 우걱우걱 곱씹고 있습니다.

그러나 아이들은 지나버린 일들을 쉽게 잊습니다. 왜 그런 일이 일어났는지 계속 원망하지 않습니다. 말 그대로 '쾌망快忘'의 능력입니다. 불행이나 고통에 대처하는 아이들을 보면 배울 점이 많습니다. 아이들은 불행한 일을 겪더라도 좀처럼 웃음을 잃지 않습니다. 아이들에게는 현실의 고통에 파묻히지 않는 힘이 있기 때문입니다.

장난감이 없다고 놀지 않는 아이들은 없습니다. 아이들은 상상력을 동원하여 얼마든지 장난감을 만들어낼 줄 압니다. 어른들은 잠자리에 누워 오늘 하루 무엇을 잘못했는지, 무엇이 부족하고 좋지 않았는지 계속 돌아봅니다. 하지만 아이들은 내일 무엇을 하고 놀지 상상하며 잠이 듭니다. 아이들에게는 꿈이 있고 미래가 있기 때문입니다.

혹시 힘든 현실에 파묻혀 있지는 않으신가요? 계속 안 좋은 일을 떠올리고 있지는 않나요? 그렇다면 세상을 온통 놀이터로 여겼던 어린 시절로 돌아가 보세요. 그때 그 시절 꿈과 호기심으로 가득했던 눈과 마음으로 오늘을 바라보세요.

자, 힘든 오늘이 어떻게 보이나요?

26

바람이 불수록 자세를 낮추어라

세상에서 가장 작은 나무를 아세요? 돌매화 나무입니다. 이름처럼 이 나무의 꽃은 매화와 닮아 있고 돌 위에서 피어납니다. 이 나무는 키가 2~3센티미터에 불과해서 가끔 풀로 오해받기도 합니다. 우리나라에서는 한라산 백록담 근처에만 서식하는 멸종위기에 처한 식물이지만, 빙하기를 거치고도 살아남은 극지 고산식물로 알려져 있습니다.

극지의 거친 바람 속에서도 돌매화 나무가 긴 생명력으로 살아갈 수 있는 이유는 무엇일까요? 그것은 아마 가장 낮은 자세로 살아왔기 때문이 아닐까 싶습니다.

야구·배구 같은 구기 종목의 수비나 씨름·레슬링 같은 투기 경기에서 선수들에게 늘 강조되는 점이 있습니다. '자세를 낮추라'는 것입니다.

사실 자세를 낮춰야 안정을 취할 수 있고 쉽게 위치를 이동할 수 있다는 것을 모르는 사람은 없습니다. 그런데도 감독이나 코치는 경기에 임하는 선수들에게 자세를 낮추라는 이야기를 수도 없이 반복합니다. 네 발에서 두 발로 서는 직립보행을 하면서 인간은 본능적으로 자세를 세우려는 습성이 강하기 때문일 것입니다.

꺾이지 않는 식물을 보면 바람과 싸우지 않습니다. 거친 바람이 불면 자세를 낮추고 뿌리를 깊이 내릴 뿐입니다. 거친 파도를 헤치고 대양을 항해하는 배도 마찬가지입니다. 가라앉지 않기 위해 중심이 낮게 설계되어 있습니다. 중심이 높으면 작은 파도와 바람에도 심하게 흔들리고 쉽게 전복되기 때문입니다. 오뚝이가 넘어져도 다시 일어날 수 있는 이유도 낮은 무게중심 덕분입니다.

삶도 마찬가지입니다. 삶의 비바람이나 파도를 헤쳐 원하는 곳으로 가려면 우리는 자세를 낮춰야 합니다. 꼿꼿이 서서 '네가 이기냐, 내가 이기냐'는 싸움의 자세만으로 시련과 어려움을 넘어설 수 없습니다. 먼저 자신을 낮춰 무게중심을 잡고 왜 이런 어려움에 놓였는지 살펴보는 연습이 필요합니다.

당신의 자세는 어떻습니까? 충분히 낮췄다고 느끼나요? 그러나 수없이 연습을 한 운동선수들에게도 자세를 낮추는 일이 쉽지 않은 것을 보면, 우리도 매번 의식을 기울여 자신의 자세를 살펴야 하지 않을까요?

27

누군가 태클을 걸어올 때

교육학자인 몬테소리는 이탈리아 최초 여의사이기도 합니다. 그것이 무엇이든 최초라는 것은 영광만큼이나 고난 또한 몇 배 크게 마련입니다. 몬테소리도 마찬가지였습니다. 최초였기 때문에 겪었던 차별과 최초였기 때문에 뚫고 나가야 했던 악습은 너무나 거대했습니다.

그녀는 무엇보다 해부학 수업이 힘들었다고 합니다. 당시에는 남자 동료들과 시체를 함께 해부하는 것이 금지되었기 때문입니다. 그래서 그녀는 깜깜한 저녁에 악취가 풍기는 실습실에서 혼자 시체에 칼을 대어야 했습니다.

차별과 비난은 그녀가 교육학자가 되어서도 마찬가지로 계속되었습니다. 보수적인 교육학자들은 그녀를 가만히 두지 않았습니다. 온갖 비판으로 그녀를 물어뜯으려 하였습니다. 그럼에도 몬테소리는 비평가들과 싸우기보다는 자신의 길을 걸으며 영향력을 점점 넓혀갔습니다.

그런 그녀를 보며 사람들은 존경을 보냈지만 한편으로는 왜 당당하게 맞서 싸우지 않는지 궁금해 했습니다. 어느 날 기자가 그녀에게 왜 차별이나 편견에 대해 싸우지 않느냐고 하자 그녀는 이렇게 대답했습니다.

"내가 사다리를 타고 올라가는데 개 한 마리가 내 발꿈치를 물려고 한다면, 그때 내게는 두 가지 가능성이 있을 뿐입니다. 개를 발로 차내든 아니면 더 높이 올라가는 것입니다. 나는 더 높이 올라가는 편이 낫다고 생각합니다."

살다 보면 단지 무리에서 벗어났거나 남들과 다른 길을 걷는다는 이유만으로 상대를 가만히 두지 않는 사람들이 있습니다. 이럴 때에는 일일이 싸우기보다 그들이 물어뜯을 수 없는 곳으로 올라가는 것이 상책입니다.

삶의 방향이 확고하게 서 있는 사람들은 타인들의 왜곡된 평가나 시선에 의연할 수 있습니다. 자신이 가야할 곳이 있기에 아무 곳에서나 힘을 낭비하지 않습니다. 오히려 걸림돌을 디딤돌로 삼아 더 높이 올라갑니다.

합당한 이유 없이 당신에게 태클을 걸어오는 사람이 있나요? 그럴 때에는 어떻게 하시겠습니까? 더 높이 올라갈 것인가요, 아니면 사다리에서 내려와 싸울 것인가요?

28

새의 눈으로 문제를 내려다보기

하나에서부터 열까지 자신의 뜻대로 통제를 하려는 어머니 때문에 힘들게 자라온 여성이 있습니다. 언제나 가출을 꿈꾸고 살았던 그녀가 고등학교 때부터는 마음이 편해지기 시작했다고 합니다. 어머니는 하나도 달라진 것이 없는데 어떻게 편해졌을까요?

그녀는 그 무렵부터 어머니와 자신의 관계를 또다른 눈으로 관찰하기 시작한 것입니다. 마치 유체이탈을 하듯이 또 하나의 자아가 천장 위로 올라가서 아래를 내려다보는 것입니다.

그러자 그 지긋지긋한 상황이 어떨 때에는 마치 하나의 연극처럼 느껴졌다고 합니다. 어머니와 딸 모두 각자 연기에 충실한 배우처럼 느껴지면서 마음이 잔잔해졌다고 합니다. 그때부터 그녀는 '위에서 내려다

보기'라는 스트레스 해결법을 갖게 되었습니다.

그녀와 이야기를 하며 나는 힘들 때 어떻게 했는지 떠올려보았습니다. 그녀가 깨달은 방법과 너무 흡사했습니다. 나는 어려서 힘들면 지붕 위에 올라가곤 했습니다. 지붕 위에 올라가 동네를 내려다보면 한결 기분이 풀렸습니다.

스무 살이 넘어서는 산에 올라가기 시작했습니다. 산에 올라가 세상을 바라보면 내 안의 크고 작은 고민들이 별 것 아닌 것처럼 느껴지곤 했습니다.

아래에서 올려다보면 대상이 더욱 커 보이는 것처럼 위에서 내려다보면 대상이 더 작아 보입니다. 우리가 겪는 문제들도 시야를 달리해 볼 수 있다면 비슷한 느낌을 받을 수가 있습니다.

상담에서의 치유적 변화도 다르지 않습니다. 문제나 고통 속에 빠져 있다가 상담을 통해서 '문제나 고통 속에 빠져 있는 나'와 '이를 바라보는 나'로 나뉘게 됩니다.

그 순간, 문제나 고통이 곧 나를 의미하는 것이 아님을 깨닫게 되고 보다 객관적으로 자신이 처한 상황을 살펴볼 수 있게 됩니다.

여러분도 힘들 때에는 한 마리 새가 되어보세요. 몸은 지면 위에 남겨두더라도 마음은 공중으로 띄워 문제나 상황 그리고 당신의 모습을 위에서 내려다보세요. 10미터, 100미터, 1킬로미터 그리고 지구 밖으로…… 점점 더 높은 시야에서 내려다보세요.

문제나 상황, 그리고 당신이 어떻게 보이나요?

29

거꾸로 사는 지혜

예전에 날아오르는 꿈을 자주 꾸었습니다. 그런데 원하는 곳으로 날아가려고 애를 쓰면 자꾸 엉뚱한 곳으로 가버려 답답해 했습니다. 혹은 제대로 날아오르지 못하거나 조금 날아오르다가 이내 떨어져 버리곤 했습니다. 한 번도 시원하게 하늘을 날지 못했습니다.

그런데 어느 날 꿈이었습니다. 나는 지쳤는지 날아오르려는 노력을 하지 않고 가만히 서 있었습니다. 그리고 눈을 감았습니다. 놀랍게도 몸이 가벼워지더니 자유롭게 비상할 수 있었습니다.

그 꿈은 나에게 잘 되지 않는 것을 억지로 하려는 노력이나 조바심을 덜어내라고 일깨워주었습니다.

그 꿈을 계기로 삶을 억지로 끌고 가기보다 삶에 나를 내맡기면 삶이

나를 이끌어준다는 믿음을 얻게 되었습니다.

폴 투르니에는 인생에는 기이한 역설이 있다고 했습니다. 우리 생애의 가장 의미 있는 성공들은 엄청난 수고를 통해 이루어지기보다 큰 노력 없이 혹은 그 원인을 분명히 알지 못한 채 이루어진다는 것입니다.

그렇게 생각해 보면 우리 삶에는 정설만큼이나 역설이 많습니다. 일반적으로 인정되는 원칙이나 견해와 대립하는 모순된 표현들입니다. 예를 들어볼까요. '지는 것이 이기는 것이다' '돈은 써야 모인다' '남에게 하는 것이 곧 나에게 하는 것이다' '바쁠수록 돌아가라' '살려고 하면 죽고 죽으려고 하면 산다' '내려가는 만큼 올라간다' 등이 대표적인 말입니다.

얼핏 생각하면 말이 안 되는 것 같고 당장은 눈에 보이지 않는 것일 수도 있습니다. 하지만 삶을 넓게 보고 길게 살다 보면 그러한 역설이 맞다는 것을 새삼 깨닫게 됩니다.

마음의 문제도 그렇습니다. 잠을 자려고 노력할수록 잠은 더 오지 않는 것처럼 떨쳐버리려고 하면 할수록 더 떨쳐내기 힘들어지고, 자연스럽게 보이려고 노력할수록 부자연스러워지게 마련입니다.

그러나 역으로 문제와 싸우거나 벗어나려고 애쓰기보다 인정하고 기꺼이 받아들이면 그 문제가 자연스럽게 완화되는 경우가 많습니다. 일종의 '받아들임의 역설'이라고 할 수 있습니다.

간절히 원하고 열심히 노력했는데도 잘 되지 않을 때가 있나요? 그렇다면 더욱 기를 쓰고 노력하거나 초조해 하기보다 거꾸로 사는 지혜를 떠올려보세요. 무엇인가를 끌고 가기보다는 흐름에 맡겨볼 수도 있고,

상대를 이기려 하기보다는 져주고, 마음에서 고통을 쫓아내려 하기보다는 머무르도록 허락해 보세요.

당신을 향해 미소 짓는 삶의 모습을 볼 수도 있습니다. 

30

세상은 나를 돕기 위해 존재한다

혹시 레나 마리아라는 여성을 아시나요? 그녀는 스웨덴 태생의 가스펠 가수입니다. 안타깝게도 그녀는 두 팔이 없고 한쪽 다리가 짧은 중증 장애인으로 태어났습니다.

그러나 레나 마리아는 부모의 도움으로 누구보다 활발한 활동을 하며 장애를 극복해 왔습니다. 요리, 운전, 자수, 피아노 등은 물론 세계장애인수영선수권대회에 나가 여러 개의 금메달을 석권하기도 하였습니다. 절대적인 한계라고 생각하는 것들을 그녀는 온몸으로 부딪혀 뛰어넘어온 것입니다.

그녀는 웃으면서 자신의 장애에 대해 이렇게 말합니다. “오히려 저는 장애를 가졌기 때문에 인생에서 많은 것을 성취할 수 있었습니다. 인간은 모두 동등한 가치를 가지고 있다고 확신합니다. 사람이란 누구든 다른 이에게 줄 수 있는 어떤 것을 가지고 있습니다."

세상이 험하다 보니 피해의식을 가진 사람들이 많습니다. 피해의식은 세상이나 다른 사람들이 자신에게 어떤 불이익과 피해를 줄 것이라고 의심하는 마음을 말합니다.

그런데 그 반대의 의식상태도 있습니다. 일명 '역 피해의식inverse paranoid'입니다. 이는 세상이나 다른 사람들이 결국은 자신에게 도움을 주기 위해 존재한다고 믿는 마음입니다. 이러한 마음 상태는 좋은 일이나 좋지 않은 일이나 그 모든 경험들이 궁극적으로는 자신의 성장과 발전에 도움을 준다고 믿는 것입니다. 즉, 레나 마리아처럼 결코 좋지 않은 상황에서도 어떤 의미를 찾는 마음가짐입니다.

맹자는 하늘이 어떤 사람에게 큰 임무를 내리려 할 적에는 반드시 먼저 그의 심신을 고통스럽게 하고 행하는 일마다 엉망으로 만든다고 말했습니다. 그 사람이 고통을 참고 견디게 하여, 이전에는 해내지 못한 일을 더욱 잘할 수 있도록 하기 위해서라고 합니다. 이는 역경이나 시련을 자신이 더 성장할 수 있는 계기로 바라보고, 그 성장통을 피하지 말라는 의미입니다.

인생에는 늘 예상치 못한 고통이 찾아옵니다. 그 고통에 가장 좋은 치료제가 있다면 그것은 바로 '의미 찾기'입니다. 지금 겪는 이 고통이 무의미하지 않고 어떤 식으로든 나에게 의미를 주는 경험이라고 느낄 때, 우리는 고통을 겸허히 받아들이고 고통 안에서 성장할 수 있습니다.

지금 고통스러운가요? 그렇다면 그 고통의 의미는 무엇일까요? 

31

불안은 영혼을 흔들어 깨운다

『괴물들이 사는 나라』라는 동화책이 있습니다. 지금은 고인이 된 모리스 샌닥의 작품입니다. 그의 책이 유난히 흥미를 끄는 이유는 아이들의 세계를 관념적으로 미화시키지 않고, 아이들 내면에 있는 부모에 대한 갈등과 불안을 잘 담아냈기 때문입니다. 홧김이지만 엄마를 잡아먹어 버릴 거라는 이야기가 실려 있을 정도입니다.

어렸을 때부터 유난히 병약했던 샌닥은 자주 병석에 누워 있어야 했고, 누군가에 의해 '잡아먹히는' 두려움에 많이 시달렸다고 합니다. 그 외로움과 불안을 이기는 방법은 자연스럽게 공상의 세계에 빠져드는 것이었습니다.

그는 어른이 되어서도 불안과 공상으로 채워진 어린 시절과 단절되지 않았습니다. 오히려 이를 자원으로 동화작가가 될 수 있었습니다.

베르나르 베르베르는 작가가 된 동기를 '불안증을 해소하기 위해서'였다고 밝혔습니다. 게다가 상상력의 원천을 '엄청난 불안'이라고 이야기합니다. 그는 내면의 불안을 해소하기 위하여 열여섯 살 때부터 4시간 30분씩 꼬박꼬박 글을 써왔다고, 하루라도 글을 쓰지 않으면 오히려 마음이 불안하다고 합니다.

화가 뭉크는 그의 나이 다섯 살 때 어머니를 여의고 이후 누이, 아버지 등 가족들을 차례로 잃어가면서 평생 죽음의 공포와 불안에 시달렸습니다. 스스로를 '요람에서부터 죽음을 안 사람'이라고 부를 정도였습니다. 그 불안을 잠재울 수 있는 유일한 방법이 아마 그림이었을 것입니다.

어디 그뿐인가요? 작가 브레히트와 카프카, 다윈, 프로이트 등은 모두 심각한 불안장애 환자였습니다. 하지만 불안이 그들의 영혼을 마비

시키기보다는 오히려 더 비상하게 만들었다고 볼 수 있습니다. 창조성의 바탕에는 불안이 도사리고 있었을 테고 그들은 창조를 통해 불안을 해소할 수 있었을 테니까요.

불안은 영혼을 잠식한다고 했나요? 그러나 모든 불안이 병적이지는 않습니다. 오히려 불안은 잠들어 있는 영혼이나 우리 안의 창조적 기운을 흔들어 깨웁니다. 설사 당신의 불안이 병적인 것이라 하더라도 인생 전체를 놓고 보았을 때 당신의 영혼을 파괴할지 혹은 깨워낼지 쉽게 단정할 수 없습니다.

불안이 당신의 방문을 두드리고 있나요? 그 소리에 놀라서 문을 걸어 잠그고 떨고 있나요? 그렇게 두려워하지 마세요. 불안은 지금 당신에게 무엇인가를 창조하라고 온 것이니까요. 문을 열어 그것이 무엇인지 물어보길 바랍니다. 중요한 것은 그 불안이 당신에게 무엇을 이야기하고 있느냐는 것입니다.

"평범한 인간이 이따금 비상한 결의로 성공하는 경우가 있는데 그것은 그가 훌륭한 인물이어서가 아니라 불안에서 벗어나려고 끊임없이 노력한 결과다."

몽테 로랑

32

왜 하는지를 안다면 다시 시작할 수 있다

1994년 11월 5일, 라스베이거스에서 세계적인 헤비급 타이틀 매치가 펼쳐졌습니다. 마흔다섯의 늙은 도전자 조지 포먼과 스물아홉의 젊은 챔피언 마이클 무어가 맞붙었습니다. 사람들은 무어의 승리를 낙관했습니다. 그러나 포먼은 무어에게 끌려가던 경기를 뒤집고 10회에 극적인 KO승을 거두었습니다. 권투 역사상 최고령 챔피언이 된 것입니다.

무엇이 포먼으로 하여금 할아버지 복서라는 조롱을 들으면서도 링에 오르게 했을까요? 어떻게 그는 끝까지 포기하지 않고 최후의 승자가 될 수 있었을까요?

이 경기가 더욱 감동적인 이유는 그가 20년 전 아프리카 킨샤사에서 알리에게 당했던 패배를 완전히 뒤바꾸어놓은 것이기 때문이었습니다.

시간은 거슬러 1974년으로 갑니다. 당시 포먼은 40연승의 무패가도를 달리는 스물다섯 살의 젊은 헤비급 챔피언이었습니다. 그리고 무하마드 알리는 서른두 살의 늙은 도전자였죠. 사람들은 모두 포먼의 승리를 점쳤습니다. 그러나 알리는 불리하게 진행되던 경기를 뒤집어 8회에 포먼을 눕히고 챔피언이 되었습니다.

이날 경기는 알리에게 '킨샤사의 기적'이 되었고, 포먼에게는 '킨샤사의 트라우마'가 되었습니다. 포먼은 그날의 패배 이후 완전히 무너져서 결국 스물여덟 살의 나이로 권투를 그만두게 되었습니다.

그후 포먼은 고향에서 목사로 활동했습니다. 10년의 세월 동안 목회와 청소년 선도를 위해 애쓰던 포먼은 서른여덟 살이 되자 다시 링 위에 올라가기로 결심했습니다. 빈민가의 청소년들에게 힘이 되어줄 청소년 센터의 운영자금이 필요했던 것입니다.

그는 사람들의 비웃음을 무릅쓰고 청소년들을 위해 다시 글러브를 꼈습니다. 150킬로그램이라는 육중한 몸과 고령이라는 불리한 조건을 이끌고 다시 운동을 시작한 것입니다. 그는 재기를 준비하면서 뒤늦게 자신이 알리에게 진 진짜 이유를 깨달았습니다.

"알리는 싸움의 목적을 가지고 있었기 때문에 내 펀치를 견딜 수 있었던 거야. 목적이 있으면 고통을 견딜 수 있어. 하지만 난 그때 목적이 없었던 거지."

노쇠한 몸을 이끌고 링에 복귀했지만, 포먼은 젊은 챔피언 시절에는 없었던 사명과 목적의식으로 강하게 무장되어 있었습니다. 이것이야말로 챔피언 자리에 오를 수 있었던 가장 큰 자원이었죠.

넘어졌을 때 다시 일어나는 것도 중요하지만 왜 다시 일어나야 하는지, 어디를 향해 나아가야 하는지 잘 아는 것이 더욱 중요합니다. 포먼은 패배로 힘들어하는 우리에게 이렇게 위안을 줍니다.

"패배에 연연해서는 안 된다. 패배는 인생에서 단 하루 벌어진 일일 뿐이므로 거기에 압도돼서는 안 된다. 내가 마음속으로 진정 원하는 바를 추구할 때에는 과정에서 겪는 고통이 전혀 느껴지지 않는다."

33

한밤중의 어둠이 꽃을 피운다

나팔꽃은 영어로 'morning glory'입니다. 왜 나팔꽃에는 아침의 영광이라는 이름이 붙었을까요? 나팔꽃은 해가 지면 개화 준비에 들어갔다가 새벽 4~5시가 되면 가장 먼저 꽃을 피우기 때문입니다. 가히 아침의 시작을 알리는 꽃이라고 할 수 있습니다.

나팔꽃을 좋아하는 한 아이가 있었습니다. 아이는 분명 자기 전에는 꽃이 피어 있지 않았는데 자고 일어나면 늘 나팔꽃이 피어 있어서 도대체 꽃이 언제 피는지 궁금했습니다. 그리고 호기심이 많았던 아이는 밤새 불을 켜고 나팔꽃을 관찰했습니다.

과연 아이는 나팔꽃이 피는 장면을 볼 수 있었을까요? 아쉽게도 아이는 아침이 되어도 그 모습을 볼 수 없었습니다. 나팔꽃은 아침이라서

피는 꽃이 아니라 한밤중의 어둠을 거쳐야 피는 꽃이기 때문입니다. 나팔꽃은 어둠 속에 있을 때에만 꽃을 피울 준비를 하고 아침이 오기 전에 꽃을 피우는데, 밤새 불을 켜 놓았기 때문에 꽃을 피우지 못했던 것입니다.

스트라디바리우스는 이탈리아의 안토니오 스트라디바리가 만든 세계적인 바이올린입니다. 2006년 크리스티 경매에서 한 대가 354만 달러에 낙찰될 정도로 이 바이올린은 탁월한 소리가 나는 것으로 알려져 있습니다.

학자들은 도대체 어떻게 이처럼 신비한 소리가 날 수 있는지 연구했습니다. 그 결과 가장 으뜸이 되는 요인은 바로 나무였습니다. 뒷판에 쓰인 단풍나무가 남달랐던 것입니다. 이탈리아 북부 산악지역에서 차가운 북풍에 시달릴 대로 시달린 단풍나무라야만 그러한 신비한 소리가 났습니다. 그에 비해 햇살이 넉넉하고 따뜻한 남쪽에서 자란 단풍나무로는 감동을 주는 소리가 나지 않았습니다.

예부터 시베리아는 화장품 원료의 보고로 알려져 있습니다. 그 이유는 시베리아에서 자란 식물들이 다른 지역의 식물에 비해 유난히 좋은 향을 가지고 있기 때문입니다.

이를 연구한 학자들이 영하 30도 이하의 혹한을 견뎌내는 식물에서는 다른 식물에서 보기 힘든 좋은 향이나 자신을 더욱 강하게 만드는 특수성분이 배출된다는 사실을 알게 되었습니다. 이렇듯 역경을 견뎌낸 생명만이 깊어지고 그윽해지는 것이 자연의 섭리인가 봅니다.

우리들의 삶도 그렇습니다. 역경을 견뎌낸다는 것은 단지 참고 버티라는 의미가 아니라 인생의 영광을 위한 밑거름이 됨을 일컫습니다. 지금 혹시 어둠, 추위, 땡볕과 같은 인생의 역경 안에 있나요? 그렇다면 당신은 인생의 영광을 앞에 두고 있는지도 모릅니다.

34

한쪽 문이 닫히면 또다른 문이 열린다

투자의 달인으로 불리는 워런 버핏은 스무 살에 하버드 경영대학원 입학시험에 떨어졌습니다. 그런데 그는 이 실패를 '인생 최고의 행운'이라고 이야기합니다. 왜 그럴까요?

처음에 그는 실망했지만 기운을 차리고 다른 곳을 알아본 결과, 컬럼비아 경영대학원에 진학할 수 있었습니다. 그리고 그곳에서 평생의 스승인 벤자민 그레이엄 교수를 만났습니다. 하버드 경영대학원에 떨어지지 않았다면 맺어질 수 없는 인연이었기에 그에게는 입학시험에서 떨어진 일이 도리어 인생 최고의 행운이 된 셈입니다.

영국 하트퍼드셔대학교의 리처드 와이즈만 교수는 흥미로운 실험을 했습니다. 스스로 운이 좋다고 생각하는 사람들과 운이 없다고 생각하는

사람들을 두 그룹으로 나누어, 신문에 사진이 몇 장 실려 있는지 세어달라고 요청했습니다. 이 실험의 묘미는 신문 중간에 "이 광고를 봤다면 연구자에게 이를 말하고 250파운드를 받으세요"라는 신문지 절반 크기의 광고지를 끼워 넣은 것이었습니다.

그 결과 운이 좋다고 생각하는 사람들은 광고를 훨씬 잘 찾았고 운이 없다고 생각하는 사람들은 그렇지 못했습니다. 즉, 운이 나쁜 사람들은 자신의 관심이나 목표에만 열중했기 때문에 기대하지 못한 데에서 무언가를 찾아내는 능력이 무척 떨어져 있었습니다.

당신은 A를 바라고 노력했는데 바라지 않은 B, C, D라는 결과가 나오면 어떻게 하나요? 실망하고 쓸모없는 결과라고 여기나요, 아니면 기대하지 않은 결과에서도 어떤 의미나 가치를 찾아보려고 하나요?

만일 당신이 새로운 의미나 가치를 찾지 않는 사람이라면 당신의 인생에는 아마 행운이 잘 따르지 않았을 것입니다. 왜냐하면 행운이 잘 따르는 사람들은 기대대로 되지 않았을 때에도 무언가를 찾아볼 수 있는 사람이기 때문입니다.

불행이 곧 행운을 의미하는 것은 아닙니다. 그러나 기대대로 되지 않은 현실 앞에서 좌절하지 않고 다른 대안을 생각해 본다면 새로운 기회를 만날 수 있습니다.

한쪽 문이 닫히면 또다른 문이 열리는 것이 인생이기 때문입니다. 행운은 우연이 아니라 마음가짐이라는 사실! 잊지 마시길 바랍니다.

"한쪽 문이 닫히면, 다른 문이 열리게 마련이다.
하지만 닫힌 문을 너무 오래도록 안타깝게 바라만 보면
우리를 위해 열려 있는 문을 볼 수 없게 된다."

헬렌 켈러

35

신은 불행을 극복하는 힘을 주는 존재

유대교 랍비인 해럴드 쿠시너는 매일 기도를 하며 누구 못지 않게 신의 뜻에 따라 경건하게 사는 신앙인이었습니다. 그런데 그의 아이가 생후 8개월부터 몸무게가 늘지 않더니 돌이 지나면서부터는 머리카락이 빠지고 시름시름 앓기 시작했습니다. 결국 병원에서 10대에 죽는 '조로증'이라는 진단을 받게 되었습니다.

청천벽력 같은 소식에 그의 신앙은 뿌리째 흔들렸습니다. 신이 최소한의 공평함이라도 있다면 아무 잘못도 없는 자신과 아들에게 이런 형벌을 줄 수는 없다고 생각했습니다. 그는 신에게 항변하고 또 항변했습니다.

그러나 계속되는 기도 속에서 그는 슬픔과 분노를 갈무리하고 신에

"신은 다시 일어서는 법을 가르치기 위해 넘어뜨린다고 나는 믿는다.
나는 넘어질 때마다 번번이 죽을 힘을 다해 일어났고,
넘어지는 순간에도 다시 일어설 힘을 모으고 있었다.
그리고 그렇게 많이 넘어져 봤기에 내가 조금 더 좋은 사람이 되었다고 확신한다."

장영희

대한 새로운 관점을 얻었습니다. 신은 인간에게 불행을 주는 존재가 아니라 불행을 극복하도록 힘을 주는 분임을 알아차린 것입니다. 그는 그 깨달음을 『왜 착한 사람에게 나쁜 일이 일어날까』라는 책에 담았습니다.

기도라고 다 같은 기도가 아닐 것입니다. 굳이 나눠보자면 성숙한 기도와 미숙한 기도가 있습니다. 미숙한 기도는 '좋은 것만 주세요. 힘든 것은 받기 싫어요' 하는 어린아이 같은 기도입니다. 혹은 '이번에 한번만 제 기도를 들어주시면 앞으로는 신앙인으로 잘 살아가겠습니다'라는 협상 같은 기도입니다. 그리고 현실의 어려움은 도외시한 채 내세의 구원만을 바라는 기도 등이 바로 미숙한 기도가 아닐까 싶습니다.

그에 비해 성숙한 기도가 있습니다. 이는 기본적으로 '받아들이고 성찰하고 감사하는' 기도입니다. 진실을 받아들이고 고통과 불행을 통해서도 영적으로 성장하고 다시 힘을 내어 일어설 수 있도록 도와달라는 기도입니다. 현실의 문제를 직면하면서 이 세상을 보다 좋은 곳으로 일궈가기 위해 마음을 가다듬는 기도입니다.

신은 우리의 고난과 불행을 없애주기 위해 존재하는 분이 아닙니다. 우리가 고난과 불행으로 힘들어할 때 그 시간 속에서 배우고 성장하도록 힘을 주는 분입니다.

그럼에도 우리는 원하는 것을 들어주는 존재만을 신이라고 찾는 것은 아닐까요? 그리고 당신은 어떤 기도를 하고 있나요?

36

인생은 건빵과 별사탕 같은 맛

아무리 문턱이 낮아졌다고 하지만 정신과에 대한 편견 때문에 정신과 의원을 개원하고 안정되기까지 오랜 인내의 시간이 필요합니다. 그래서 개원 초에는 '병원이 절간 같다'는 표현을 곧잘 합니다. 아무리 각오를 단단히 하고 개원을 했다고 해도 개원의 입장에서는 걱정이 태산입니다.

그럴 때 선배들이 흔히 하는 덕담이 있습니다.

"평생 볼 환자는 정해져 있다. 지금 잘된다고 좋아할 필요도, 지금 안 된다고 초조해 할 필요도 없다. 처음에 환자가 적으면 나중에 많이 볼 것이고, 처음에 환자가 많으면 나중에는 적게 보는 것이 개원의 생활이다. 정신과의사가 초조해 하면 오던 환자도 오지 않는다. 지나가야 할 통과의례라고 생각해라. 나도 그랬다. 그러니 한 사람 한 사람에게 최선을 다하면 된다."

같은 부모에게서 태어난 형제이지만 우리 집 두 아이는 사뭇 다릅니다. 예를 들어 건빵을 먹는다면, 큰아이는 상대적으로 맛 없는 건빵부터 먹고 나중에 맛있는 별사탕을 먹지만 둘째 아이는 별사탕부터 먹고 나중에 건빵을 먹습니다. 결국 동생은 나중에 형이 먹는 별사탕을 부러운 눈으로 쳐다보게 됩니다.

그렇다고 꼭 어떤 방식이 옳다고 할 수는 없습니다. 누구에게나 자기만의 방식이 있기 때문입니다. 다만 맛있는 것을 먼저 먹으면 나중에 맛 없는 것을 먹게 된다는 사실을 잘 인식하고 받아들일 수 있으면 됩니다.

어떻게 생각하면 인생도 비슷합니다. 인생에도 건빵과 별사탕처럼 좋은 일과 좋지 않은 일이 함께 들어 있습니다. 개원하는 일처럼 처음에 쉽게 가면 나중에 힘든 일을 꼭 만나게 되고, 처음에 힘들지만 잘 이겨나가면 나중에 좋은 일들이 생기는 법입니다.

그러므로 먼저 좋은 일이 많다고 좋아할 일도 아니고, 지금 안 좋은 일이 많다고 해서 계속 그러할 것이라

고 비관할 필요도 없습니다. 오히려 그러한 비관 때문에 뒤늦게 찾아올 좋은 일을 맞이하지 못하는 불상사가 많은 법입니다.

지금 힘드세요? 유독 자신에게만 힘든 일이 많다고 느끼나요? 하지만 지금 힘든 만큼 나중에 좋은 일이 더 많이 생기지 않을까요?

37

세상에 공짜 경험은 없다

우리는 흔히 '늘 건강하세요'라거나 '항상 행복하세요'라는 인사말을 합니다. 습관적인 표현일 수 있지만 그만큼 우리 마음은 늘 좋은 감정을 누리고 좋은 일만 펼쳐지기를 바라는 비현실적인 기대가 크다는 것을 의미합니다.

그러나 입맛에 맞는 음식만 먹는 사람이 건강할 수 없듯이 좋은 일만을 바라고 경험하려는 사람들 역시 건강할 수 없습니다.

'삶은 뜻대로만 되지 않는다'는 마음가짐으로 살아가는 사람들은 불행이나 뜻대로 되지 않는 일에서 상대적으로 좀더 빨리 회복할 수 있습니다. 그러나 이런 마음만으로는 회복을 앞당길 수 있을지는 몰라도, 불행이나 역경을 통해 성장할 수는 없습니다.

그렇다면 불행이나 역경 속에서 성장하는 사람들은 어떤 마음을 가지고 있을까요? 지금까지의 경험을 토대로 보면, 불행이나 역경을 거치고 나서 더욱 성장하는 사람들은 '삶의 모든 경험은 나에게 어떤 의미와 가르침을 준다'는 마음을 가지고 있었습니다.

물론 이들도 희망이 꺾이고 뜻대로 되지 않는 상황에서 고통스러워하지만 이 경험이 자신을 좀더 깊이 있고 지혜로운 사람으로 만드는 데에 도움이 될 것이라는 자세를 잃지 않았습니다. 그들은 원치 않는 고통 속에서 희생자가 아니라 학생이 되었던 사람들이었습니다.

인생은 경험이라는 수업을 통해 배우는 학교입니다. 그러므로 우리가 좋은 수업을 들으려면 그만큼 적정한 대가를 지불해야 합니다. 그 중에는 견디기 힘든 고통과 상실 그리고 불편이라는 '비싼 수업료'를 내야만 배울 수 있는 공부가 있습니다. 안타깝게도 이는 필수과목이라 선택할 수 없습니다.

결국 비싼 수업료를 내는 공통과목에서 스스로 배우려는 학생들은 수업료 이상의 가치를 배우겠지만, 배움의 자세가 되어 있지 않은 학생들은 수업료만 내는 의미 없는 시간으로 보내고 말 것입니다.

최근 힘든 일이 있었다면 고대 그리스 철학자 에픽테토스의 말을 음미하면서 수업료만큼 얻은 것이 무엇이었는지 생각해 보면 어떨까요?

"올리브 기름을 쏟고 포도주를 도둑맞았을 때, 이렇게 되뇌도록 하라. '나는 마음의 평정을 얻기 위해 치러야 할 값을 치렀다. 대가를 치르지 않고서는 아무것도 얻을 수 없다.'"

38

~때문에, ~에도 불구하고, ~덕분에

정신과의사를 하면서 흔히 듣는 질문이 있습니다. "날마다 힘든 사람들의 이야기를 듣고 있으면 정말 힘들지 않나요?" 물론 힘든 이야기를 계속 듣는 일이 쉬운 것은 아닙니다.

그렇다고 정말 힘들기만 한 것은 아닙니다. 날마다 똑같이 힘든 이야기만 듣는다면 정말 스트레스가 크겠지만 시간이 지날수록 나를 찾아오는 사람들이 변화하고 성장하는 과정을 지켜볼 수 있기 때문에 힘든 것 이상의 보람과 기쁨을 얻게 됩니다.

처음 상담을 받으러 올 때에 사람들은 '~때문에'라는 생각을 많이 합니다. 부모 때문에, 어려운 환경 때문에, 지난 실패 때문에, 실연 때문에…… 나의 인생이 불행해졌다고 느낍니다. 또한 바쁘기 때문에, 능력이 부족하기 때문에, 용기가 없기 때문에, 예전에도 잘되지 않았기 때문에…… 지금은 할 수 없다고 여기는 것입니다. 이러한 투사나 합리화는 가장 쉽게 자신을 방어하도록 도와주지만 이를 통한 위안은 결국 문제나 상황을 악화시킬 뿐입니다.

그러나 마음이 자라나면 '~때문에'라는 마음이 줄어들고 '~에도 불구하고'라는 마음이 늘어납니다. 비록 과거에 상처나 실패가 있었던 것은 사실이지만 그럼에도 불구하고 이제 다시 시작해 보겠다거나 현재 어려움을 겪고 있지만 그럼에도 불구하고 더 중요한 가치를 위해 불편함과 어려움을 기꺼이 감수하겠다는 마음입니다.

마음이 더욱 자라나면 '~에도 불구하고'라는 마음과 함께 '~덕분에'라는 마음이 늘어나게 됩니다. 과거의 가난이나 어려운 환경, 지난 실패와 고난 덕분에 자신이 겸손해질 수 있었거나 타인의 고통에 눈뜨게 되었거나 삶이 더욱 단단해졌다고 느끼는 것입니다. 상처가 보석으로 바뀌는 놀라운 마음의 연금술이 펼쳐지는 순간입니다.

사람을 정말 위대하게 만드는 것은 탁월한 재능이 아니라 바로 '~에도 불구하고'와 '~덕분에' 같은 정신이 아닐까요?

39

흔들림은 성장의 신호

「용비어천가」에 뿌리 깊은 나무는 바람에 아니 흔들린다는 말이 있습니다. 너무나 당연한 이야기라는 생각이 듭니다. 그런데 한번 생각해 봅시다. 뿌리가 깊어서 흔들리지 않는 것일까요, 아니면 바람에 흔들렸기 때문에 뿌리가 깊어진 것일까요?

사람들은 흔들리지 않는 나무의 현재 모습만 보느라 그 과정을 미처 생각하지 못하지만 나무의 흔들림이 없다면 뿌리가 깊어질 수는 없습니다.

생명을 키우는 사람들은 이를 잘 압니다. 어떤 학자가 이른 봄날 비 오는 길을 걷다가 연로한 농부를 만났습니다. 학자는 이렇게 적당한 비가 오니 곡식이 잘 자랄 수 있어 좋겠다고 인사를 건넸습니다. 하지만 농부는 이렇게 대답합니다.

"아닙니다. 지금처럼 좋은 날씨가 계속되면 식물은 뿌리를 뻗지 않습니다. 깊지 않은 지표면에 뿌리를 내려 태풍이 오면 금세 쓸려갑니다. 하지만 처음부터 성장하기 쉽지 않으면 식물은 땅속 깊이 뿌리를 내려 비바람이나 가뭄에도 크게 흔들리지 않습니다."

고층건물을 지을 때에는 강풍과 지진에 대비한 설계를 합니다. 이때 건물을 단단하게 땅에 고정시켜 흔들리지 않도록 하는 것은 중요하지 않습니다. 오히려 다소 흔들리게 설계하거나 진동의 반대 방향으로 건물이 흔들리도록 장치를 설치하는 것이 핵심입니다. 흔들림이 없으면 무너질 수밖에 없기 때문입니다.

흔히 우리는 흔들리지 않을수록 안정되거나 강하다고 생각합니다. 그렇기에 어떤 외부의 시련과 자극에도 흔들리지 않는 존재가 되기를 갈망합니다.

하지만 삶이 무너지는 것은 너무 쉽게 흔들리기 때문만은 아닙니다. 너무 흔들리지 않으려고 안간힘을 썼기에 어느 순간 삶이 무너져 내리는 경우도 허다합니다. 그러므로 진정한 안정감은 흔들림이 없는 상태가 아니라 흔들림 속에 존재합니다.

흔들림을 나약함이나 또는 무너지기 전의 예비 신호로 생각하시나요? 지나치지만 않는다면 흔들림은 성장의 신호입니다. 흔들리지 않고 피는 꽃이 없는 것처럼, 흔들리기에 삶은 깊이 뿌리내리고 꽃을 피울 수 있습니다.

상담실에는 믿음이 너무 없는 사람도 찾아오지만 믿음이 너무 지나쳐서 오는 사람도 많습니다. 건강한 믿음이란 어느 정도의 불신과 불확실함을 필요로 하는데도 맹신에 가까운 믿음으로 인해 현실을 바로 보지 못했기 때문에 삶이 위태로워진 것입니다.

흔들리고 있나요? 그렇다면 당신은 살아 있는 것입니다. 흔들림이 없나요? 그렇다면 흔들리면서 자신조차 속이고 있거나 아니면 꽃을 피우려는 노력을 포기했기 때문입니다. 즉, 삶이 무너지고 있거나 죽어가고 있다는 신호입니다.

정신적 맷집 키우기

예측할 수 없는 삶을 살아가기 위해서는 위험에 맞서는 맷집을 키워야 합니다. 운동선수들이 고된 훈련을 통해 맷집을 키우듯 삶의 맷집도 마찬가지입니다. 적절한 좌절과 스트레스를 겪어야만 맷집은 커집니다.

첫째, 스트레스에 대한 관점을 바꿔라

내분비학자 한스 셀리에는 스트레스라는 말을 중립적인 의미로 사용했습니다. 스트레스는 좋을 수도 있고, 나쁠 수도 있다고 본 것입니다. 실제 적당한 스트레스가 있어야 사람들은 활력을 유지할 수 있습니다. 그러므로 맷집을 키우기 위해서는 스트레스가 부정적이라는 틀을 깨뜨리는 마음가짐이 필요합니다. 스트레스는 위험이 아니라 자극입니다.

둘째, 점진적 과부하를 주어라

웨이트 트레이닝에서 제일 중요한 원칙은 '점진적 과부하'입니다. 이는 운동기구의 중량과 세트 수를 늘리거나 휴식 시간을 줄임으로써 근육에 가해지는 긴장감을 점진적으로 늘려야만 근력의 변화를 기대할 수 있다는 의미입니다.

정신적인 맷집을 키우는 일도 단계적으로 접근해야 합니다. 조바심과 욕심에서 벗어나 자신이 마주할 수 있는 문제의 세기를 서서히 높여 나가는 시도가 필요합니다.

셋째, 삶의 운전대를 잡아라

이 시대는 모든 것이 너무 빠르고 예측 불가능해서 정신이 없을 지경입니다. 쉽게 흔들리고 어지럽습니다. 덜컹이는 자동차에 비유한다면, 멀미하기 쉽지요. 그런데 운전석에 앉으면 시야가 넓고 흔들림을 예상해서 몸을 움직일 수 있기 때문에 멀미를 가장 적게 합니다.

삶이라는 여정도 비슷합니다. 인생의 주인이 되어 운전대를 잡는 것이 복잡한 세상을 헤쳐가고 스트레스를 이겨내는 가장 현명한 방법입니다. 어떤 문제나 선택도 스스로 책임지고 조종해 나아가는 것이야말로 정신적 맷집을 키우는 중요한 원칙입니다. 삶의 후미가 아니라 삶의 머리에 서세요.

넷, 의지의 과잉을 경계하라

정신건강에 문제가 있는 사람들에게서 찾을 수 있는 공통점은 바로 경직된 사고입니다. 이들은 'should형 인간'이라고 할 만큼 '~해야 한다' '~하지 않으면 안 된다'는 생각에 갇혀 삽니다. 그래서 일이 뜻대로 되지 않을 때 과도한 스트레스를 받습니다.

이제부터는 '~했으면 좋겠다' '~하고 싶다' '~할 수도 있다'라고 바꾸어 표현하는 연습을 해봅니다. 또한 '절대' '꼭' '틀림없이'와 같은 수식어 대신에 '가능한' '또는' 등과 같은 말을 사용합니다.

문제해결력 키우기

내가 커지면 문제는 작아진다

40

먼저 삽질부터 중단하라

누군가 길을 가다가 깊은 구덩이에 굴러 떨어졌습니다. 바로 올라올 수는 없고 우선 눈에 띄는 것은 삽입니다. 그는 빨리 빠져나올 생각으로 구덩이를 파기 시작합니다. 그런데 땀을 뻘뻘 흘리도록 삽질을 했지만 상황은 나아지지 않습니다. 오히려 구덩이만 더 깊어졌습니다. 다급해진 그는 더 열심히, 더 빨리 흙을 파내기 시작합니다.

어떻게 되었을까요? 힘들게 작업했음에도 불구하고 구덩이는 점점 깊어만 갔고 그는 더 빠져나오기 어렵게 되었을 뿐입니다. 정말 바보 같은 일이라고요?

'삽질'이라는 말은 쓸모없는 일을 한다는 관용적인 표현입니다. 곰곰이 생각해 보면 우리도 그런 행동을 곧잘 하고 있습니다.

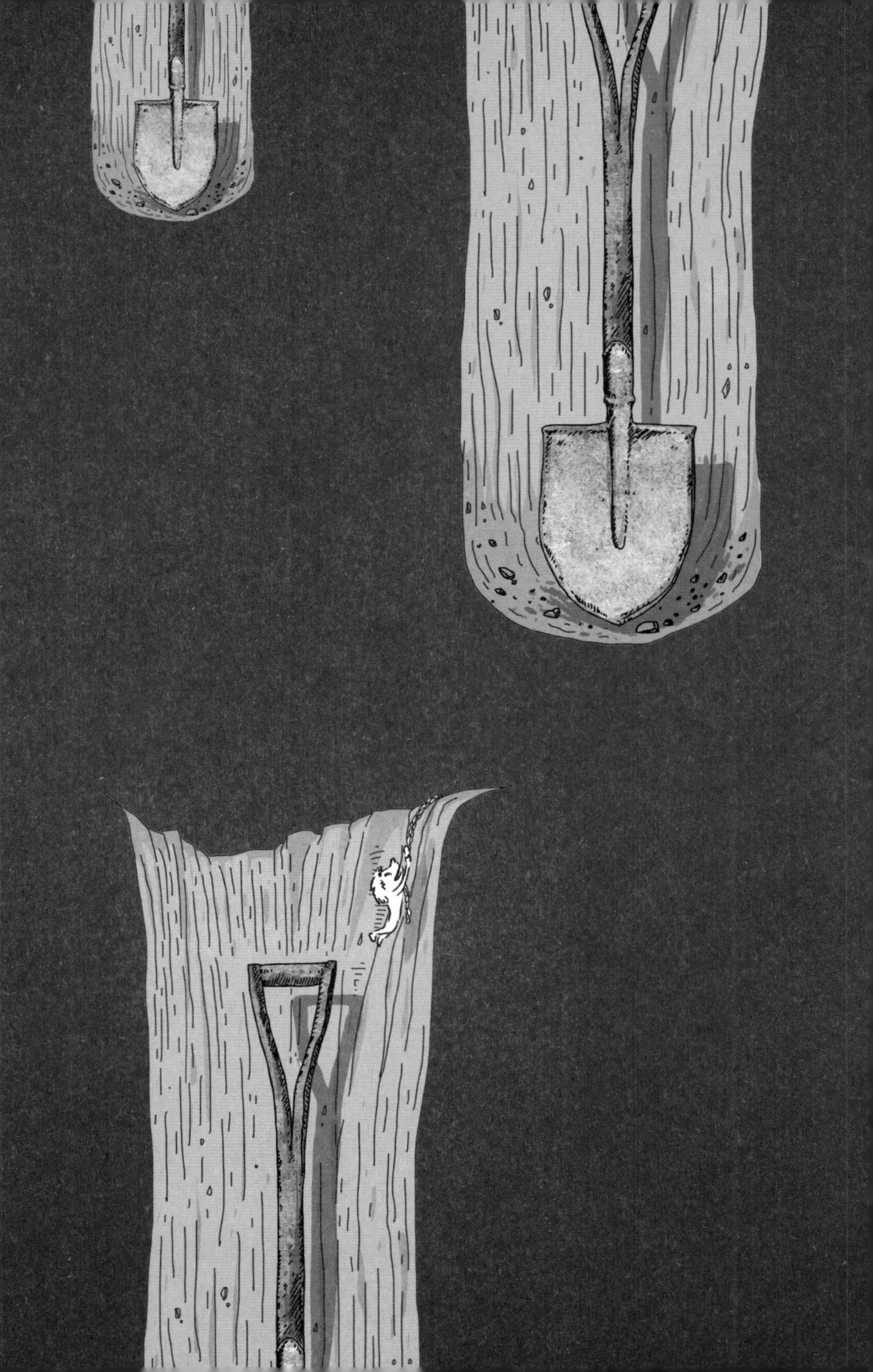

별로 중요하지도 않은 일에 지나치게 매달려 있거나 더 나아가 문제를 해결하기 위해 애쓰지만 결과적으로는 문제해결에 도움이 되기는커녕 일을 더 꼬이게 만드는 경우가 많습니다. 긁어 부스럼을 만드는 것입니다. 왜 그럴까요?

우리의 뇌는 불안을 느끼면 본능적으로 행동부터 먼저 하려는 경향이 있습니다. 불안하면 가만히 있기 힘들고 안절부절 못하게 됩니다. 또한 무언가 하고 있다는 것 자체가 도움이 되든 안 되든 안심하게 해주기 때문입니다. 그래서 그 노력이 문제해결에 도움이 되느냐를 미처 판단하지 못하고 허둥지둥 행동하게 됩니다.

문제는 그 다음입니다. 시간이 지나 자신의 노력이 문제해결에 도움이 되지 않으면 멈춰야 하는 것이 맞습니다. 그런데 잘 몰라서이기도 하지만, 많은 경우에는 도움이 안 된다는 것을 알면서도 그 행동을 계속하는 경우가 많습니다.

지금까지 쏟은 노력이 아까워서입니다. 말 그대로 본전 생각이 나는 것입니다. 그렇기에 자꾸 '조금 더 하면 나아지겠지'라는 마음을 품고 더 엉뚱한 방향으로 나아가고 맙니다.

물론 문제가 있는데 아무런 노력도 하지 말자는 것은 아닙니다. 다만 문제를 풀기 위해 어떤 노력을 했는데 잘되지 않을 때, 무조건 '더 열심히' 하는 것으로 접근해서는 안 된다는 것입니다. 자신의 노력이 문제해결에 도움이 되고 있는지를 살펴보아야 합니다.

만일 삽질을 하고 있다고 느낀다면 더 열심히 삽질을 하는 것이 아니라 우선 삽질부터 중단해야 합니다. 그러한 자세가 문제해결에 필요합니다.

본전 생각이 날 때 그만둘 수 있는 것이야말로 자제력이고 지혜입니다. 모든 노력이 값진 것은 아니기 때문입니다.

무언가 뜻대로 잘되지 않으세요? 그렇다면 당신이 지금 어떤 노력을 하고 있는지부터 살펴보세요.

41

탁월한 선택은 노력하는 과정에서 나온다

많은 사람들이 후회 없는 선택을 하겠다고 마음먹습니다. 그런데 가만히 보면 후회 없는 선택이란 있을 수 없습니다. 둘 중 하나를 고르는데 '100:0'으로 마음이 한쪽에 완전히 기울었다면 모르지만, 하나를 선택하면 고르지 않은 다른 하나의 이점을 놓칠 수밖에 없기 때문입니다. 그러므로 후회 없는 선택을 하겠다는 마음은 결국 결정을 끝없이 미루게 되거나 더 큰 후회를 남기기 쉽습니다.

최고의 선택을 하려는 사람은 모든 대안들을 샅샅이 살핍니다. 예를 들어 카메라 하나를 고른다고 하면 수많은 카메라 회사의 제품들을 총망라해서 각 기능들과 가격대를 비교해 보고 더 나아가 수많은 쇼핑몰의 판매 조건을 알아본 뒤에야 선택을 하는 식입니다.

그러다 보니 선택의 가짓수와 비교의 범위는 무한정 넓어지고 결국 어딘가에 있을지도 모를 수많은 '만일'을 떠올리며 '가상의 후회'와 '반복적 후회'에 빠지게 됩니다. 그들은 어디엔가 있을 '더 좋은 대안'에 대한 미련을 떨쳐내기 어렵습니다.

사회행동학자인 배리 슈워츠는 선택에 임하는 태도로 사람을 극대화자maximizer와 만족자satisfier로 구분합니다. 극대화자는 자신이 하는 모든 선택과 결정이 반드시 최고이기를 고집하는 반면, 만족자는 적절한 시기에 충분히 좋은 것을 받아들이는 사람입니다.

카메라를 또다시 예로 들면, 극대화자는 후회 없는 선택을 하려다가 정작 필요한 시기에 카메라를 구입하지 못하거나 구입하고 나서도 더 좋은 것을 찾느라 사진 촬영의 즐거움을 놓치는 사람입니다. 이에 비해 만족자는 적절한 타이밍에 자신의 형편에 맞는 카메라를 구입해서 사진을 찍는 사람이라 할 수 있습니다.

우리는 누구나 탁월한 선택을 하고 싶어 합니다. 그리고 탁월한 선택은 결정의 순간에 정해진다고 생각하기 쉽습니다. 하지만 탁월한 선택은 그 순간에 있는 것이 아닙니다. 자신의 여건과 시간 한도 내에서 최적의 것을 고른 다음, 선택하지 않은 것들에 대한 미련을 내려놓고 자신이 선택한 것을 좋은 결과로 만들기 위해 노력하는 과정에서 결정됩니다.

그러므로 선택의 순간에서 탁월함을 추구하려는 잘못된 마음에서 벗어나 선택 후 과정에 충실하려는 마음으로 선회하는 것이야말로 후회를 최소화할 수 있는 방법입니다.

42

'이상하다.
왜 이럴까?'

2002년 10월 9일, 일본열도를 들끓게 한 사건이 벌어졌습니다. 학계에서는 아무도 이름을 알지 못한 무명의 기술자가 노벨화학상 수상자로 선정된 일이었습니다. 사람들을 더욱 놀라게 한 것은 그가 학사 출신인데다가 대학시절에는 화학이 아닌 전기공학을 전공하였다는 사실이었습니다.

그의 이름은 다나카 고이치입니다. 사람들은 그에게 노벨상 수상의 비결을 물었습니다. 그의 대답은 명료했습니다. 예상과 다른 실험 결과가 나올 때마다 '이상하다. 왜 이럴까?'라며 끝까지 그 이유를 찾았던 습관 때문이라고 밝혔습니다.

프로바둑 기사들은 대국이 끝나면 다시 처음부터 순서대로 바둑을

둡니다. 이를 복기復棋라고 합니다. 이긴 기사나 진 기사나 승패를 떠나 이 복기의 시간을 통해 무엇이 좋은 수였고, 무엇이 나쁜 수였는지를 토론하고 확인합니다. 왜 그럴까요?

바둑판은 가로와 세로가 모두 19줄씩 총 361개의 점으로 이루어졌기 때문에 바둑을 두면 비슷한 모양이 반복됩니다. 그래서 만일 다음에 비슷한 패턴이 나오면 복기를 잘했던 기사는 분명 더 나은 수를 둘 수 있습니다. 시험이 끝나고 틀린 문제를 왜 틀렸는지 이해한 학생들이 다음 시험에 비슷한 문제가 나오면 문제를 맞히는 것과 똑같습니다.

그러나 대부분의 아마추어 기사들은 복기를 하지 않습니다. 이들은 왜 이겼는지, 왜 졌는지를 중요하게 생각하기보다는 단지 이겼느냐 졌느냐를 중요하게 여깁니다. 상대방의 실수 때문이라도 이겼다면 그냥 기분이 좋은 것이고, 지고 나면 기분이 상하고 분해서 진 이유를 생각

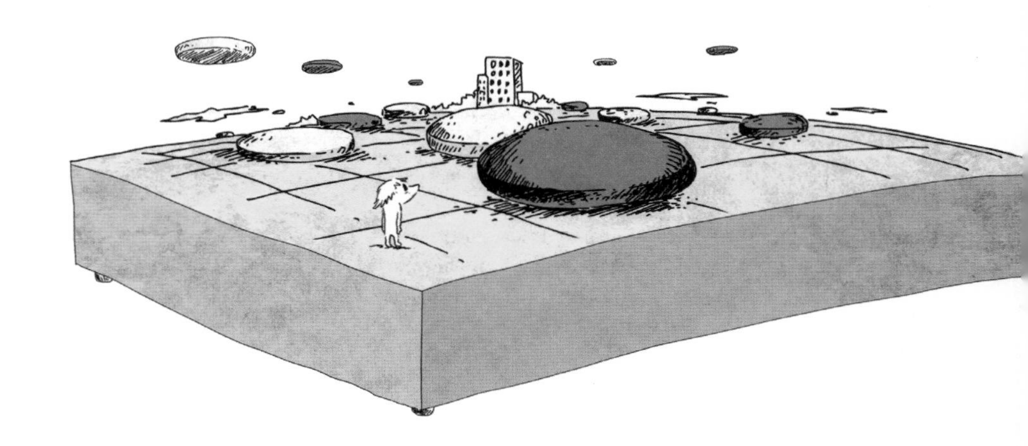

조차 하려들지 않습니다. 더 배우기 위해 바둑을 두는 것이 아니라 이기기 위해 바둑을 두기 때문에 이들의 실력은 잘 늘지 않습니다.

상담도 일종의 삶의 복기와 같습니다. 사람들은 혼자 해결할 수 없는 문제나 갈등을 가지고 옵니다. 상담을 통해서 지난 삶을 돌아보면 그 문제나 갈등이 처음이 아니라는 것을 알게 됩니다.

이전에 비슷한 문제나 갈등이 있었는데 이를 제대로 풀지 못했고 복기조차 하지 않았기에 비슷하거나 혹은 더 큰 문제나 갈등을 마주하게 된 것입니다. 그러므로 우리는 어떤 경험을 하면 왜 그런 결과가 나왔는지 차분히 돌아보고 알아차려야 합니다.

실패뿐 아니라 성공이나 승리의 경우에도 마찬가지입니다. 이겼다고 혹은 성공했다고 단순히 좋아하기만 한다면 승리와 성공의 경험은 자만이나 편협함에 빠져 독이 되거나 실패의 원인이 될 수 있습니다. 충분한 성찰이 함께 한다면 그것이 실패이든 성공이든 지혜가 되고 자산이 될 수 있습니다.

실력이 늘지 않거나 성과가 잘 생기지 않나요? 혹은 처음에는 잘되었는데 이후로는 어려움에 빠져 있나요?

그렇다면 우선 자신이 어떻게 해왔는지 복기해 보세요. 이왕이면 바둑처럼 자신이 미처 알지 못하는 부분을 지적해 줄 누군가가 있다면 더욱 좋습니다.

43

인생은 생방송

직장생활 10년차인 한 여성은 1년 이상 다닌 직장이 없습니다. 상사에게 지적을 받거나 동료들과 마찰이 생기면 회사를 바로 그만두기 때문입니다.

그녀는 기본적으로 회사나 다른 사람들에게 문제가 있다고 생각합니다. 그렇기 때문에 그곳을 벗어나 다른 회사에 가면 새로운 마음으로 잘할 수 있을 것이라고 생각합니다. 하지만 그녀의 기대와 달리 늘 비슷한 패턴이 반복될 뿐입니다.

컴퓨터 소프트웨어에 오류가 발생할 때 활용하는 두 가지 해결방법이 있습니다. 포맷format과 디버깅debugging입니다. 포맷은 운영체제나 프로그램을 깨끗이 지워버리고 다시 설치하는 방법입니다. 디버깅은 오류가

난 부분을 찾아내어 하나하나 고치는 것을 말합니다.

포맷이라는 방식은 참 깔끔하고 처음부터 다시 시작할 수 있다는 장점이 있습니다. 그러나 그 과정에서 데이터가 유실될 수도 있고, 무엇 때문에 오류가 생겼는지 잘 모르기에 이후에 똑같은 오류가 반복될 수 있습니다.

그에 비해 디버깅을 한다면 시간은 더 걸리게 마련입니다. 하지만 무엇이 잘못되었는지를 파악하고 해결해서 더욱 좋은 프로그램으로 발전시킬 수 있습니다.

일이나 인간관계에서도 오류와 갈등이 나타납니다. 그렇다면 어떤 해결법이 있을까요? 많은 사람들이 일이나 인간관계에 오류나 갈등이 발생하면 컴퓨터처럼 깨끗이 포맷하고 싶어합니다. 그렇다 보니 무엇 때문에 오류나 갈등이 발생했는지 구체적으로 잘 찾아보지도 않고 단지 없었던 일로 하거나 처음부터 다시 하려고 합니다.

그러나 컴퓨터와 달리 삶의 오류나 갈등은 본질적으로 디버깅할 수 있을 뿐, 포맷할 수는 없습니다. 이미 지나버린 오류나 갈등은 지울 수가 없기 때문입니다.

그럼에도 우리들은 자신을 변화시키려고 하기보다는 새로운 곳이나 새로운 시간, 새로운 계획이나 새로운 사람과 다시 시작하면 이전의 잘못을 되풀이하지 않을 것이라는 착각을 합니다. 그렇기에 수없이 반복되는 '처음'만 있을 뿐, 오류와 갈등을 풀어낸 '마무리'는 없습니다.

그런 점에서 보면 인생은 녹화방송이 아니라 생방송입니다. 실수를 하면 수습하고 넘어가야지 실수하기 이전으로 돌아가 처음부터 다시 촬영할 수 없는 노릇입니다.

실수를 인정하고 남은 시간에 좀더 집중해서 나아지도록 하는 것이 인생의 발전입니다. 처음부터 다시 하면 잘할 수 있다는 우리의 착각에서 벗어나 '시도-실패-오류교정-재시도-성취'라는 과정으로 나아가야 합니다. 이것이 문제해결과 실력향상의 공통적 과정입니다.

당신은 오류를 발견하고 이를 디버깅하고 있나요, 아니면 아직도 포맷을 바라고 있나요?

44

소 잃고
외양간만이라도 고치자

대학시절, 요절한 친구의 장례식이 치뤄지는 내내 눈물 한 방울 나지 않았습니다. 처음에는 너무 갑작스러워서 그랬나 싶었는데 시간이 지나고 보니 감정을 잃어버리고 살았기 때문이라는 것을 깨달았습니다.

돌아보면 나는 부정적인 감정을 느끼지 않으려고 오랫동안 노력했습니다. 그러다 보니 어느 순간부터 슬픔과 분노는 물론 기쁨과 행복 같은 긍정적인 감정조차도 잘 느끼지 못한 채 살아왔습니다. 감정으로 채워져야 할 마음의 샘이 바닥까지 말라 있었던 것입니다.

궁금해졌습니다. '나는 왜 이렇게 감정을 느끼지 않으려고 애썼을까?' 그때부터 찬찬히 마음을 살펴보기 시작했습니다. 하지만 잘 알 수 없었습니다. 그래서 나를 이해하기 위해 정신과의사가 되기로 결심했습니다. 누군가 내게 정신과의사가 된 이유를 물었을 때 들려주는 이야기입니다.

얼마 전 아이가 축구공을 잃어버렸습니다. 놀다가 깜빡 잊고 공을 챙기지 않은 채 집에 왔더니 그 사이에 없어진 것입니다. 남은 공이 하나 더 있었기에 아이는 그 일을 대수롭게 생각하지 않았고 결국 얼마 되지 않아 남은 공마저 또 잃어버렸습니다.

아이는 바로 새 공을 사주기를 바랐지만 우리 부부는 나름대로 생각한 끝에 한 달 정도 지나서 사주었습니다. 그러자 아이는 가장 먼저 축구공에 이름을 썼습니다. 그리고 집에 들어올 때는 물론 노는 동안에도 축구공이 어디 있는지 종종 살폈습니다.

우리 속담 중에 '소 잃고 외양간 고친다'는 말이 있습니다. 미리미리 대비하지 못한 어리석음을 꾸짖는 뜻입니다. 소를 잃기 전에 외양간을 고치라는 의미이지만 어디 말처럼 미리 대비한다는 것이 그렇게 쉽겠습니까? 놓치거나 잃어버리기 전에 그 대상의 중요성을 아는 것은 결코 쉬운 일이 아닙니다.

세상에는 오히려 소를 잃고 '왜 미리 외양간을 고치지 않았을까?'라는 자책에만 빠져 있느라 정작 외양간을 고치지 않는 사람들이 많습니다. 그런 점에서 보면 소를 잃고 나서 외양간을 고치는 것도 아주 훌륭한 삶의 태도입니다. 왜냐하면 삶이란 반복되는 것이라서 고치지 않으면 거듭해서 잃게 되는 일이 많기 때문입니다.

상실은 고통의 순간이지만 한편으로 성찰의 기회입니다. 길을 잃어봐야 세상을 자세히 보고 나를 잃어봐야 나를 찾으려 들 것이며 사람을 잃었을 때에야 우리는 관계를 살펴보게 되기 때문입니다.

잃어버림보다 더 큰 문제는 잃고도 왜 잃어버렸는지 살피지 않는 것이고, 알면서도 고치지 않는 것이 아닐까요?

45

어려운 문제일수록 잘게 쪼개어보라

어느 강에서 낚시꾼이 낚시를 하는데 큰 물고기는 놓아주고 작은 물고기만을 잡고 있었습니다. 지나가던 사람이 그 광경을 보고 이상해서 낚시꾼에게 다가가 물었습니다.

"왜 큰 물고기는 놓아주고 작은 물고기만 잡습니까?"

그러자 낚시꾼이 이렇게 대답했습니다.

"저희 집의 냄비가 작아서 큰 물고기는 들어가지 않습니다."

싱거운 우스개 같나요? 하지만 우리 역시 낚시꾼처럼 비슷한 오류를 범하고 있는지도 모릅니다. 큰 물고기라도 토막을 내어 냄비에 넣으면 되는데, 우리는 그렇게 하지 못합니다. 이는 마치 삶에서 직면한 문제를 너무 큰 덩어리로만 바라보고 풀어볼 엄두조차 내지 못하고 살아가는

우리의 모습과 닮지 않았나요?

동서고금의 모든 병법에서 가장 중요한 전략은 '각개격파各個擊破'라고 해도 과언이 아닐 것입니다. 각개격파란 적을 분산시켜 하나씩 공략하는 것을 말합니다. 특히, 적은 수로 큰 적을 상대할 때에 쓰는 유용하고도 유일한 전략이 아닐 수 없습니다.

실제 사냥을 하는 육식동물들은 초식동물의 전체를 공격하지 않습니다. 무리에서 이탈하기 쉬운 하나를 목표로 할 뿐입니다. 제국주의 국가들이 적은 숫자로 많은 나라를 지배할 수 있었던 것 또한 바로 분할하여 통치하였기 때문입니다.

코칭과 상담을 하다 보면 삶의 문제해결에 어려움을 겪는 사람들을 많이 만납니다. 이들에게서 발견하는 공통점은 문제나 과제를 덩어리로만 보고 쪼갤 줄 모른다는 사실입니다. 즉, 문제를 나누어보고 단계적으로 해결해 나가야 하는데 그저 크기에 압도되어 어쩔 줄 몰라 하는 것입니다.

예를 들어 과체중이라 살을 빼고 싶다면 가장 먼저 과도한 다이어트를 먼저 떠올리면서 시도조차 하지 못하거나 시작하더라도 작심삼일에 그치고 맙니다.

그러므로 한꺼번에 문제를 해결하겠다는 조바심을 버리고 긴 안목으로 지금 할 수 있는 것부터 해나가는 것이 중요합니다. 우선 식사 때마다 밥을 한 숟가락 덜거나 몇 분이라도 더 천천히 식사하는 것부터 시작해서 점점 강도를 높여가는 자세가 필요합니다.

이는 우리의 뇌가 크기에 민감하기 때문입니다. 뇌는 우선 눈앞에 보이는 덩어리가 크면 두려워서 뒤로 물러나려고 합니다. 하지만 작은 것은 두려워하지 않습니다. 그래서 작은 조각을 해치우고 나면 조금씩 더 큰 조각을 대할 수 있게 마련입니다.

무언가를 하려고 하는데 시작하기가 어려우세요? 그렇다면 뇌가 놀라지 않도록 쪼개보세요. 하나를 하면 또 하나를 시작할 수 있습니다.

46

문제와 동행하라

평생 건강하게 산 사람들도 죽은 뒤에 부검을 하면 몸속에서 암세포가 제법 발견된다고 합니다. 다만 그 세포 활동이 억제되어 있어 말썽을 부리지 않은 것일 뿐입니다.

이와 비슷하게 사후 뇌 부검을 해 보면 뇌 상태와 그 사람의 생애가 꼭 일치하지 않는 경우도 많다고 합니다. 미국 켄터키대학교의 연구진들은 치매의 병인을 조사하기 위해 '수녀 연구 프로젝트'를 진행하였습니다.

그 참가자 중에 메리 수녀라는 분이 있었습니다. 그녀는 정규교육을 받지 않아 마흔한 살이 되어 뒤늦게 고등학교 졸업장을 받았지만 일흔일곱 살까지 교사로 왕성한 활동을 펼쳤습니다. 은퇴 후에도 여든네 살까지 가르치는 일을 멈추지 않았습니다. 그녀는 생애 마지막 해인 백일 세가 되어서도 책을 놓지 않았으며, 봉사활동을 계속하였고 다양한 모임을 주최하면서 후배 수녀들을 적극 도왔습니다.

그런데 연구진들은 그녀가 사망한 후 뇌를 부검해 보고서는 깜짝 놀랐습니다. 사망 직전까지 아주 또렷한 정신 상태를 보였던 그녀였지만, 실제 부검을 해보니 그녀의 뇌는 가장 심각한 치매 환자의 것과 다를 바가 없었기 때문입니다.

사실 우리 주변이나 몸속에는 세균이나 바이러스, 곰팡이 등 질병을 일으키는 수많은 병원체가 있습니다. 그리고 암세포도 생겨나고 있습니다. 다만 병이나 암이 나타나지 않은 것은 우리 몸을 지킬 수 있는 면역력이 있기 때문입니다. 그러므로 암세포를 찾아내려고 검사에만 매달리거나, 병원체를 차단하는 것보다 면역력을 키우는 것이 건강을 유지하는 관건입니다.

삶도 마찬가지입니다. 삶의 도처에 위험이 있습니다. 그래서 우리는 자꾸 스스로 안전하다고 생각하는 지대 안에 머무르려고 합니다. 하지만 우리 몸속에 병원체나 암세포가 있는 것처럼 안전지대라고 생각하는 삶의 영역 안에도 위험은 존재합니다. 오히려 빠르게 변화하는 현대사회에서 안전지대가 위험지대로 바뀌는 일은 순식간에 일어납니다.

그러므로 건강한 삶을 위해서는 위험에 대처하는 힘을 키워가는 것이 중요합니다. 우리는 이를 위해 안전지대 바깥으로 한 걸음 더 나아갈 수 있어야 합니다. 위험에 대처할 수 있는 힘은 오직 위험을 통해 만들어지기 때문입니다.

47

부드러움이 강함을 이긴다

최근 어느 연구에 의하면 식물과 동물의 유전자 개수가 크게 다르지 않다고 합니다. 얼핏 생각하면 동물이 더 고등한 생명체이고 유전자도 더 많을 것 같은데 말입니다.

식물은 움직이지 못합니다. 식물은 생존과 성장에 치명적인 이 약점을 어떻게 해결해 왔을까요? 식물학자들은 이러한 취약성 때문에 식물이 생존과 관련된 중요 부분을 분산시키는 전략을 쓴다고 설명합니다. 그렇기에 동물처럼 치명적인 급소가 없어서 한번에 죽는 일이 없겠지요.

또한 식물은 발달의 유연성이 뛰어납니다. 동물은 태어날 때 거의 모든 기관이 만들어져서 나옵니다. 하지만 식물은 환경과 시기에 따라 줄기, 잎, 꽃과 같은 기관들을 그때그때 만들어냅니다. 생체회로가 그만큼 유연하다는 것입니다.

예를 들어 콩을 보면, 콩은 빛이 있으면 떡잎을 열고 콩으로 자라납니다. 그럼 빛이 없는 곳에서는 어떻게 될까요? 우리가 알다시피 콩나물이 됩니다. 빛이 없다고 해서 생명을 포기하지 않습니다. 환경에 맞게 자신의 자원을 최대한 활용하여 최선의 방식으로 유연하게 살아가는 것입니다.

어느 날 입적이 얼마 남지 않은 노스님께 제자들이 찾아가 가르침을 청했습니다. 스님은 망연히 먼 산을 보다가 고개를 돌려 제자들을 향해 갑자기 입을 쫙 벌렸습니다.

"내 이가 남아 있느냐?"

"없습니다."

"그럼 내 혀가 남아 있느냐?"

"있습니다."

"단단한 것이 먼저 없어지고 부드러운 것이 오래 남는 법이다. 천하의 이치가 다 이 안에 있느니……."

그렇습니다. 부드러움이 강함을 이기는 법입니다. 죽은 생명만이 뻣뻣합니다. 살아 있는 모든 생명은 다 부드럽습니다. 유연하다는 것은 생명의 생존과 성장에 필수 요소입니다.

실제로 재난이나 전쟁 등 극한 상황에서 살아남은 사람들을 연구한 앨 시버트 박사에 의하면, 생존자들은 생존에 가장 도움이 되는 성격이나 자질을 한결같이 '유연성' 또는 '적응성'이라고 대답했다고 합니다.

당신은 어떤가요? 예측불가능하고 변화무쌍한 현실의 상황에서 다양한 방식으로 유연하게 대응하고 있나요?

48

인생은 모 아니면 도?

인생을 살아가는 방식을 아주 단순하게 두 가지로 나누어볼 수 있습니다. 스위치와 다이얼 방식입니다. 먼저 스위치 방식으로 살아가는 사람에게는 'On-Off' 두 가지 모드밖에 없습니다. 아주 잘하려고 하거나 아니면 아예 아무것도 하지 않는 것입니다. 말 그대로 '전부 아니면 전무'로 반응합니다. 이들의 삶에는 중간이나 다양한 눈금이 없고 인간관계 역시 '친한 친구 아니면 남남'이기 쉽습니다.

문제는 최상을 추구하려는 의도와는 반대로 삶은 점점 Off 모드로 치닫게 된다는 사실입니다. 아주 잘하기 위해서는 잘되지 않는 것을 잘되는 것으로 만들어가는 과정이 꼭 필요한데, 이들은 아주 잘할 것 같지 않으면 오히려 안 해버리기 때문입니다. 그리고 마음속으로는 언제든 마음먹고 하면 잘할 수 있을 것이라는 아주 순진한 착각을 합니다.

이에 비해 다이얼 방식으로 세상을 살아가는 이들이 있습니다. 이들에게는 다양한 숫자와 눈금으로 된 다이얼이 있어 자신의 상황과 능력에 맞게 눈금을 조절할 수 있습니다.

이들은 '모 아니면 도'의 극단적 방식이 아니라 '할 수 있는 데까지 하는' 합리적 방식으로 살아갑니다. 그렇기에 잘 안 된다고 느끼더라도 포기하기보다는 하면 할수록 점점 잘할 수 있다는 생각으로 노력합니다.

인간관계에서도 마찬가지입니다. 다이얼 방식의 사람들은 '절친한 친구 아니면 남'이라는 이분법이 아니라 다양한 관계를 맺으며 살아갑니다.

스위치 방식의 사람들은 기복이 심합니다. 아주 잘하는 것 같다가도 어느 날부터 아무것도 안 해버리거나 잠수를 타버리기도 합니다. 단기적으로 노력해서 되는 일 같으면 아주 잘 해낼 수 있을지 모르겠지만, 난이도가 어렵고 시간이 필요한 일에서는 이들의 취약점이 그대로 드러날 수밖에 없습니다.

인간관계에서도 상대의 좋은 점만을 크게 봤다가 어느 순간 좋지 않은 면을 보면 크게 실망하여 관계를 끊어버리기 쉽습니다. 오래 인간관계를 맺지 못합니다.

미친 듯이 공부하다가 장시간 슬럼프에 빠져 수능시험을 네 번째 보는 한 수험생이 있습니다. 스위치 타입인 그 수험생이 하루는 이렇게 이야기하더군요.

"쉽지 않지만 이제 늘 내가 할 수 있는 만큼만 하려고요. 남과 비교하기보다는 어제보다 좀더 노력하는 내가 되려고 하고 뜻대로 되지 않더라도 다시 해보려구요."

당신은 혹시 스위치 방식으로 세상을 살아가고 있나요? 그렇다면 '아주 잘 하거나 아예 안 하거나'와 같은 마음에서 벗어나 늘 '할 수 있는 데까지'라는 마음을 떠올려보세요.

49

나는 단지 문제를 만났을 뿐이다

화물선처럼 커다란 배를 만드는 장면을 본 적 있나요? 큰 배의 내부에는 수많은 칸막이가 있습니다. 이를 '격벽'이라고 하는데, 물이 새어 들어왔을 때 다른 곳이 침수되는 것을 막아주고 불이 났을 때 더 이상 번지지 않게 하는 방화벽 역할을 합니다.

즉, 침수나 화재 같은 재난이 발생했을 때 원인을 차단시켜서 다른 곳으로 피해가 확대되지 않게 만들어줍니다. 결국 격벽이 있기 때문에 문제가 되는 부분을 빨리 고치게 되고 배는 안전하게 항해할 수 있습니다.

우리들의 마음은 어떨까요? 작은 일이나 사소한 말 한마디에도 마음

전체가 휘청거리는 사람이 있고, 마음에 격벽이 있어서 잠시 혹은 일부만 흔들리다가 금세 안정을 되찾는 사람도 있습니다.

이들에게는 문제와 존재를 구분해 주는 칸막이가 잘 설치되어 있기 때문입니다. 이 사람들은 문제가 생기면 이를 문제로 받아들이지 존재 자체로 확대시키지 않는 것입니다.

예를 들어 문제를 문제로 받아들이는 사람들은 수능시험에 두 번 떨어졌을 때 '나는 수능시험에 두 번 떨어졌다'고 생각하지만, 문제를 존재로 확대시키는 사람들은 '나는 인생의 실패자'라고 받아들입니다.

문제를 문제로 받아들이는 사람들은 부탁을 거절당하더라도 '상대의 사정으로 내 제안이 거절당했다'라고 생각하지만, 문제를 존재로 확대시키는 사람들은 '상대방이 나라는 사람 자체를 거절했다'라고 느끼기 쉽습니다.

그렇다면 문제와 존재를 구분해 칸막이 역할을 해주는 마음의 장치는 무엇일까요? 그것은 바로 '자존감'입니다. 자존감은 심리적 면역체계의 기둥 역할을 합니다. 자존감이 높은 사람들은 문제에서 실패를 겪거나 거절을 당했다하더라도 근본적으로 '나라는 사람 자체로 가치 있다'라는 태도를 가지고 있기 때문입니다.

우리는 살아가면서 많은 문제를 만납니다. 그러나 나 자신이 문제를 만났을 뿐, 그 문제가 바로 '나'를 의미하는 것은 아닙니다. 그러므로 우리는 문제와 존재 사이에 칸막이를 두어야 합니다. 당신이 문제를 만난 것이지 당신 자체가 문제는 아니라는 사실! 잊지 않길 바랍니다.

50

경험을 교훈으로 삼을 때 주의할 점

뜨거운 난로 위에 앉았다가 크게 데었던 고양이는 그 뒤로 좀처럼 난로 위에 올라가지 않을 뿐더러 그 근처에도 가지 않습니다. 그렇다면 고양이는 경험을 통해 제대로 학습한 것일까요?

고양이가 뜨거운 난로 위에만 올라가지 않는 것이 아니라 차갑거나 미지근한 난로 위에도 올라가지 못한다면 이는 제대로 학습한 것이라기보다 회피라고 해야 합니다. 난로에 덴 고통 때문에 '뜨거운 난로'를 피하는 것이 아니라 '난로 전체'를 기피하도록 일반화된 것입니다.

어둠을 너무 두려워하는 여성을 본 적이 있습니다. 밤에 밖을 나가지 않는 것은 물론, 기숙사에 살 때는 매번 룸메이트와 같이 화장실에 갔고 늘 불을 켜놓아야만 잠들 수 있을 정도였습니다. 야경이 아름다운

"경험을 교훈으로 삼을 때
경험한 내용에만 국한되도록 조심해야 한다.
그렇지 않으면 뜨거운 난로 위에 앉은
고양이처럼 될 것이다.
고양이는 뜨거운 난로 위에
두 번 다시 앉지 않겠지만
차가운 난로에도 마찬가지이다."
마크 트웨인

밤에는 낭만이 느껴진다는 친구들의 이야기는 그녀에게 다른 나라 이야기로 들릴 뿐이었습니다.

성인이 되었는데도 왜 그녀는 이렇게까지 어둠을 두려워하는 것일까요? 말을 잘 듣지 않는다고 캄캄한 다락방에 갇혀 있었던 어린 시절의 경험이 두려움의 발단이었습니다. 그녀는 자라면서 '캄캄한 다락방'을 넘어 점점 '어두운 세상' 전체를 피하게 된 것입니다.

그녀의 이야기가 다른 사람의 이야기처럼 느껴지나요? 하지만 생각해 보세요. 우리는 일회적 혹은 부분적 경험들을 일반화시켜 그와 유사한 경험을 피하거나 진실이라고 맹신하는 것들이 참 많습니다. 우리의 뇌는 주관적 경험을 일반화하고 범주화하려는 경향성이 있기 때문입니다.

혹시 과거의 실패나 부정적 경험 때문에 충분히 할 수 있는 도전조차 망설이지는 않나요? 과거 인간관계에서 받은 상처로 인해 또다시 상처를 받을까 봐 사람과의 관계를 피하는 것은 아닌가요? 뜨거운 난로에 덴 후에 차가운 난로에도 올라가지 못하는 고양이 신세인데도 스스로는 경험을 통해 잘 배웠다고 착각하는 것은 아닐까요?

모든 경험이 꼭 값진 것만도, 지혜가 되는 것도 아닙니다. 세상에는 덫이 되고 어리석음이 되는 경험이 더 많습니다. 중요한 것은 얼마나 많은 경험을 했느냐가 아니라 경험을 통해 무엇을 배웠고 그것을 어떻게 받아들였느냐입니다.

51

당신은 마음의 눈을 자주 뜨고 있나요?

한 실험에서 학생들이 거울 앞에서 시험을 볼 때와 거울을 등지고 시험을 볼 때를 비교해 보니 거울 앞에서 시험을 볼 때 부정행위를 하는 학생이 적었다고 합니다.

비슷한 예로 행동과학자 캘그린은 쓰레기를 아무데나 버리는 사람은 그렇지 않은 사람에 비해 자신을 거울에 덜 비춰보는 편이라는 조사 결과를 발표했습니다. 즉, 우리는 거울에 비친 자신의 모습을 바라보는 것만으로도 더욱 양심껏 행동하게 된다는 것입니다.

같은 시간을 노력했는데도 실력 향상이 빠른 사람들은 '자기관찰' 능력이 뛰어납니다. 그들은 사실상 외부 관찰자처럼 자신의 마음과 행위를 주시하고 스스로에게 질문을 던지며 스스로를 관찰하는 노력을 합니다.

이들은 만일 연습 중에 어떤 어려움이나 문제에 부딪힌다면 '내가 지금 무언가 놓친 것은 없는가?' '내가 감정적으로 대처하는 것은 아닐까?' '이 상황에서 어떤 전략과 방법이 필요한가?' '문제를 해결하기 위해 어디에 치중하면 좋을까?' 등 다른 사람들에 비해 자신을 객관화시켜 관찰합니다.

어떤 일을 하는 동시에 그 일을 하는 자신을 살펴봄으로써 즉, 1인칭과 3인칭을 오가면서 더 잘하기 위한 연습을 하는 셈입니다.

마음도 마찬가지입니다. 사람들은 상담을 통해 어떻게 마음에 변화가 일어나느냐고 묻습니다. 변화의 원인에는 여러 가지 요소가 있지만 그중의 하나는 관찰자아observing ego가 성장하기 때문입니다.

자신이 무슨 생각을 하고 어떻게 느끼는지, 자신이 왜 그렇게 반응하고 행동했는지, 자신이 무엇을 싫어하고 원하는지 등 자신의 마음을 깊이 관찰하고 알아차림으로써 자신과 자신의 문제를 더 잘 이해하게 되고 결국 이전과는 다른 반응을 선택하게 되는 것입니다.

지금 해결하지 못하고 있는 문제가 있지요? 그렇다면 문제를 해결하려고 하기 전에 우선 스스로를 관찰부터 해보세요.

예를 들어 아이들에게 화를 너무 많이 낸다고 해봅시다. 그렇다면 화를 내지 않으려고 애쓰기보다는 우선 언제 어떤 상황에서 어떤 생각이 들어 어떻게 화를 내었는지부터 관찰하는 것입니다.

우리가 자신을 통제하려는 욕구에서 벗어나 관찰하는 자세로 태도를 바꾸기만 해도 우리가 만나는 문제들은 달라질 수 있습니다.

흔히 마음을 또 하나의 '눈'이라고 합니다. 그러나 우리는 마음의 눈을 항상 뜨고 있지 않습니다. 자신의 마음과 행위를 관찰하고 있을 때야 말로 마음의 눈을 뜨는 것입니다.

당신은 마음의 눈을 자주 뜨고 있나요?

52

맥가이버 vs 터미네이터

긴 머리와 뛰어난 기지로 많은 이들의 우상이었던 '맥가이버'를 기억하나요? 1986년부터 국내에서 인기리에 방영된 외화의 주인공입니다. 그는 위기에 빠지면 일단 주위를 둘러보고 깊이 생각합니다. 아무리 사소한 물품이더라도 그의 지혜에 손재주가 더해지면 마술처럼 해결의 열쇠로 바뀝니다.

기존 액션물들이 힘으로 악을 응징해 왔던 뻔한 내용이었다면 맥가이버는 과학적 지식과 재치로써 위기를 벗어나고 악당들을 소탕하는 새로운 영웅의 모습을 보여주었습니다. 아마 그런 지혜로운 모습에 반해 공과대학이나 자연대학에 진학한 사람도 있었을 것입니다.

시간이 조금 더 지나 1991년에 개봉한 〈터미네이터2〉라는 영화가 있습니다. 그 영화를 보면 강한 남성미와 우람한 근육질의 아널드 슈워제네거가 T-800이라는 로봇으로 나옵니다.

그러나 액체금속으로 만들어지고 최첨단 기능을 갖춘 상대 T-1000에 비해 사실 T-800 터미네이터는 힘을 빼면 별다른 재주가 없는 구닥다리 로봇입니다. 그는 위기를 만나면 모든 상황을 힘으로만 정면돌파합니다. 그러다 보니 안쓰러울 정도로 처참하게 부서지고 일그러집니다.

물론 영화이기에 끝까지 적의 공격을 방어하고 미래의 지구사령관 존 코너를 지켜냅니다. 그러나 결국 자신도 비참한 최후를 맞이하죠. 그는 그 유명한 "I'll be back."이라는 말을 남기고 떠납니다.

우리의 삶 앞에는 많은 위기와 벽이 놓여 있습니다. 그런데 매번 자신의 앞을 가로막는 그 벽을 부수고만 지나갈 수는 없습니다. 때로는 우리 앞에 놓인 벽이 콘크리트로만 이루어진 것이 아니라 세찬 강물일 수도 있고 한 치 앞을 보이지 않게 하는 안개일 수도 있기 때문입니다.

즉, 위기에 따라 대응방법이 달라야만 합니다. 그런데 어떤 사람은 맥가이버처럼 주위의 사람들과 자원을 잘 활용하여 위기에 맞는 방식으로

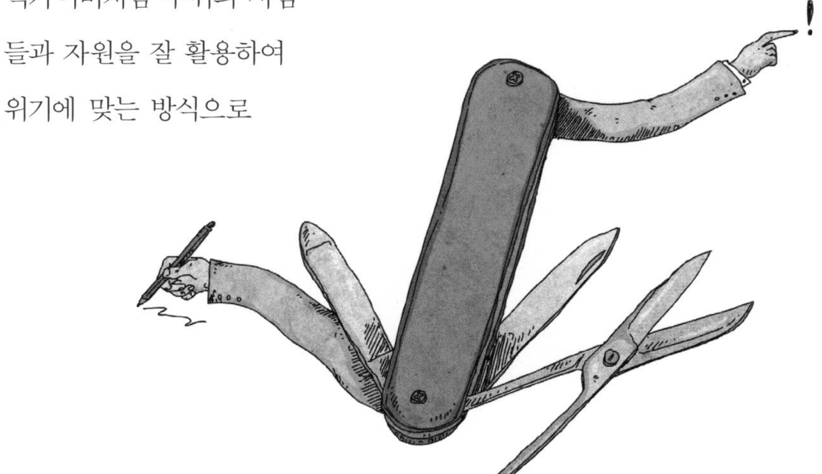

슬기롭게 넘어서는가 하면 또 어떤 이는 터미네이터처럼 매번 자신의 힘으로만 우직하게 맞서기도 합니다.

그렇다 보니 터미네이터 형 사람들은 도처에 적을 깔아놓기 일쑤이고 자신의 소신만 몰아붙이는 독불장군이 되기 쉽습니다. 이들은 위기에 빠질수록 주변을 돌아보지 않고 뚝심으로 이겨내려고 애쓰지만 결국 큰소리를 내며 쓰러지는 경우가 허다합니다.

"손에 든 것이 망치밖에 없다면 모든 것을 못처럼 다룰 수밖에 없다." 심리학자 매슬로의 유명한 말입니다. 손에 망치만 들고 있는 사람은 항상 똑같이 두드리는 방식으로만 문제를 풀어가려 할 것입니다. 하지만 종합공구함을 들고 있는 사람이라면 상황에 따라 가장 쉽고 바람직한 방식으로 문제를 풀어갑니다.

그러므로 문제에 부닥치면 익숙한 방식만을 고집하기보다 또다른 방식이 있는지 알아보거나 다른 사람들은 어떻게 하는지 관찰하고 조언을 구하는 자세가 필요합니다.

지금 당신의 손에는 몇 가지 연장이 들려 있습니까?

53

지금 피하면 나중에 더 크게 돌아온다

인간은 생명체 중에서 오랜 임신 기간을 거치는 편이지만 가장 미숙한 상태로 세상에 나옵니다. 손가락 하나 제대로 움직일 수 없는 무기력한 상태로 태어나니까요. 그러므로 제힘으로 먹고 살 수 있을 때까지 가장 오랜 시간이 필요합니다.

그러나 이런 취약한 인간이 만물의 영장이 될 수 있었던 것은 문제와 경험을 통해 능동적으로 배우는 최고의 학습능력을 타고났기 때문입니다. 즉, 인간은 지구상 생명체 중에서 가장 많이 배우면서 성장하는 존재인 것입니다.

그러나 문제를 대면하고 이를 풀어가는 과정은 불편과 노력이라는 대가를 원합니다. 그렇기 때문에 우리는 자신도 모르게 문제를 피하게 됩니다. 진짜 사기꾼은 사기를 당했다는 생각조차 들지 않게 만드는 것처럼 우리는 문제를 피하고 있다는 사실조차 모를 정도로 자신을 쉽게 속입니다.

남들에게 다 보이는 문제인데도 스스로는 못 볼 수 있고 문제라고 인식은 하지만 별것 아니라고 여길 수도 있고, 중요한 문제라고 인정은 하지만 막연히 잘 풀릴 것이라며 방치하는 경우가 많습니다.

그러나 회피하면 일시적으로 불편을 겪지 않을 수 있지만 결국 문제는 더욱 커져서 회피로 인한 불편이 문제를 푸는 불편보다 더 크게 됩니다.

학생들을 코칭하다 보면 시험을 못 봤을 때 반응이 제각기 다릅니다. 대부분의 학생들은 시험을 못 보면 좋지 않은 기분을 빨리 잊어버리려고 합니다. 친구들과 수다를 떨거나 PC방을 가거나 집에 가서 실컷 잠을 자는 식으로 어떻게든 시험을 못 봤다는 불편한 느낌을 잊기 위해 노력합니다.

물론 그렇지 않은 아이들도 있습니다. 시험을 못 봤지만 자신이 틀린 문제를 꼭 다시 풀어보는 학생들이 있습니다. 이들이라고 기분이 나쁘지 않겠습니까?

하지만 이들은 자신이 왜 틀렸는지를 정확하게 이해하고 어떻게 하면 제대로 풀 수 있는지를 검토하여 이를 오답노트에 기록합니다. 그 다음에 기분을 풀려고 놀거나 휴식을 취합니다. 그렇기 때문에 이 학생들은 다음에 비슷한 문제가 나오면 잘 풀게 됩니다.

그렇지만 불편한 느낌에서 빨리 벗어나려고 했던 학생들은 비슷한 문제가 나오면 또 틀릴 수밖에 없습니다. 기분이 좋지 않더라도 틀린 문제를 들여다보는 학생들이야말로 진짜 실력 있는 학생들이고 앞으로 그 실력이 계속 자라날 수 있는 발전적인 학생들입니다.

삶의 문제풀이도 마찬가지입니다. 어떤 노력으로 갈등이나 문제가 잘 풀리지 않았을 때 기분이 나쁘다고 피해버리면 똑같은 갈등이나 문제에 또 부딪히게 됩니다. 더 크게 부딪힐 수 있습니다. 불편하더라도 문제나 갈등을 들여다보고 어떻게 풀어가는 것이 좋을지 보완하는 자세가 필요합니다.

정신분석학자 융은 "모든 신경증은 정당한 고통을 회피한 대가이다"라고 말한 바 있습니다. 그렇습니다. 마주해야 할 삶의 문제들을 불편하다는 이유로 피하기 때문에 우리의 삶은 초라해지고 정신은 병들게 마련입니다. 그렇기에 치유와 회복의 첫걸음이란 피했던 삶의 문제들을 다시 마주하는 것에서 시작합니다.

자꾸 문제를 피하고 싶으세요? 그럴 때마다 마음속으로 이렇게 되뇌어 보세요. '지금 피하면 나중에 더 크게 돌아온다.'

"문제를 대면하는 데 따르는 정당한 고통을 회피할 때,
우리는 그 문제를 통해 우리가 가질 수 있는
성장도 회피하는 것이다."

스콧 펙 『끝나지 않은 길』 중에서

54

실패는
성공의 어머니

혹시 수많은 열쇠 꾸러미 중에서 자물쇠에 맞는 열쇠 하나를 골라야 할 때의 그 난감함을 경험한 적이 있나요? 열쇠 하나하나를 맞춰보다가 어느 순간 자물쇠가 열렸을 때 그 짜릿한 느낌을 경험한 적이 있나요?

그 과정에서 선택한 열쇠가 맞지 않으면 어떠세요? 안 맞았다고 해서 좌절하고 포기하나요, 아니면 남은 열쇠들 중에 맞는 것이 있을 테니 다른 열쇠를 맞춰보나요?

열쇠가 맞지 않을수록 맞는 열쇠를 찾지 못하게 되는 것이 아니라 오히려 맞는 열쇠를 찾을 가능성은 점점 높아집니다. 즉, 자물쇠가 열리지 않을수록 성공 확률은 점점 높아지는 셈입니다. 게다가 운을 기대하거나 무턱대고 시도하기보다는 자물쇠의 모양에 맞는 열쇠를 가늠해 보고 열면서 자물쇠의 내부구조를 느껴본다면 좀더 빨리 맞는 열쇠를 찾을 수도 있습니다.

인생을 살아가면서 우리는 수많은 문제들을 만납니다. 그런데 이 문제들을 잠긴 자물쇠에 비유한다면 문제해결의 열쇠를 찾는 것 또한 실제 자물쇠를 여는 것과 다르지 않습니다. 즉, 문제를 풀기 위해 어떤 시도를 했는데 문제가 풀리지 않았다면 그것은 슬퍼하거나 좌절할 일만은 아닙니다. 그만큼 우리는 그 문제를 풀 가능성에 다가가고 있는 것입니다.

다만, 무턱대고 아무 열쇠로 열려고 하거나 똑같은 열쇠만을 가지고 힘으로 열려는 것이 아니라 제대로 관찰하고 평가해서 좀더 맞을 만한 열쇠를 갖다 댄다면 말입니다. 그러나 우리는 어떻게 합니까? 잘 풀리지 않으면 바로 포기해 버리기 쉽습니다.

누구라도 실패를 좋아하는 사람은 없습니다. 노력만큼 결과가 나오지 않으면 기운이 빠질 수밖에 없지요. 하지만 기본적으로 실패가 자신의 한계와 겸손을 가르쳐 주고 우리의 행동을 고치도록 안내해 주고 좀더 지혜로운 사람이 되도록 도움을 준다는 것을 받아들일 줄 아는 사람이라면, 실패를 마냥 싫어하거나 두려워하지 않을 수 있습니다.

게다가 실패를 좌절로 받아들이지 않고 실패를 통해 배움으로써 점점 성공할 확률을 높일 수 있다고 생각한다면 우리는 좀더 용기를 내어 앞으로 나아갈 수 있습니다. 마치 열쇠 꾸러미에서 맞는 열쇠를 고르는 것처럼 말입니다.

55

불편한 상황에 단계적으로 자신을 노출하라

갈수록 사회가 전문화되다 보니 클리닉 또한 세분화되고 다양해지고 있습니다. 미국 캘리포니아에는 소심증만을 전문으로 치료하는 클리닉이 있다고 합니다. 이 클리닉의 기본 방침은 사회성을 기르는 것은 근육을 키우는 것과 다를 바 없다는 점에서 출발합니다.

이곳은 소심증의 원인을 파악하는 시간을 많이 들이지 않습니다. 대신 훈련을 중시하기 때문에 내담자들을 불편한 상황에 단계적으로 노출시키는 데 역점을 두고 있습니다.

소심증을 극복하는 과정은 대략 이렇습니다. 우선 소심함 때문에 하기 어려운 일들을 쭉 적어봅니다. 낯선 사람에게 길 묻기, 혼자 식당에서 밥 먹기, 여성과 데이트하기, 혼자 백화점에 가서 옷 사기, 사람들

앞에서 발표하기 등 스스로 어려워하거나 회피하는 상황이 많이 있을 것입니다.

다음으로는 순위를 매겨 하기 쉬운 과제와 어려운 과제를 구분합니다. 그 후에는 하기 쉬운 과제부터 정하고 해당 상황에서 어떤 마음을 가져야 할지 되새겨본 다음 실행으로 옮깁니다.

물론 실제 상황에 부딪히면 여전히 불편함이나 긴장감이 크게 마련입니다. 하지만 바람직한 마음을 되새김질하면서 불편과 긴장을 관찰하게 되면 그 감정들은 차츰 완화됩니다.

처음 스키를 타면 무섭고 힘들지만 강습을 받으면서 스키를 꾸준히 타다 보면 긴장은 줄어들고 재미를 느끼는 것과 다르지 않습니다. 불편한 상황을 맞닥뜨리는 것도 이러한 과정을 반복하다 보면 점점 편안하게 받아들일 수 있습니다.

그렇게 점점 난이도를 높여 나중에는 누구나 당황할 만한 상황에까지 도전합니다. 예를 들면, 혼잡한 마트에서 일부러 수박을 떨어뜨리거나 낯선 청중들 앞에서 발표를 하는 것입니다.

이 소심증 클리닉의 운영 내용을 자세히 설명한 이유는,

여러분이 겪고 있는 문제에도 이러한
해법을 적용해 보면 효과가
있을 듯해서입니다.

사실 우리가 가지고 있는 많은 문제들은 타고난 능력이 부족해서라기보다 충분히 연습하고 경험하지 못한 데서 오는 이유가 큽니다. 물론 그렇다고 단순히 문제에 스스로를 노출한다거나 무작정 열심히 노력한다고 해서 문제가 저절로 해결되는 것은 결코 아닙니다.

단계를 세우고 준비 태세를 갖춰 문제 속으로 뛰어들고, 새로운 방안을 찾아나가려는 체계적인 노력을 기울인다면 우리는 문제를 충분히 다룰 수 있게 됩니다.

56

등로주의와 등정주의

현대등반의 역사는 앨버트 머메리에서 시작되었다고 할 만큼 그는 위대한 산악인으로 평가됩니다. 어린 시절의 그는 병약했지만 등산을 하면서 점점 강한 사람이 되었습니다.

그는 1890년대부터는 가이드 없이 고산을 등반하기 시작했습니다. 능선을 따라가는 정해진 길을 거부하고 절벽을 오르는 것처럼 새로운 루트를 개척하는 모험적인 등반에 나섰습니다.

"길이 끝나는 곳에서 비로소 등산은 시작된다"는 말에는 그의 등반정신이 고스란히 압축되어 있습니다. 후대의 사람들은 그의 등반정신에서 이름을 따 '머메리즘mummerism'이라 불렀습니다. 이는 정상에 등극하는 것만을 중요하게 생각하는 등정주의登頂主義와 비교되는 개념으로,

과정을 중요하게 여기는 등로주의登路主義라고 할 수 있습니다.

여러분은 산의 정상을 향해 올라가다가 내리막길이 나타나면 어떤 마음이 드세요? 예전의 나는 마음이 불편했습니다. 기껏 애를 쓰고 올라갔는데 다시 내려간다고 생각하면 허탈한 느낌이 들었습니다.

전형적인 등정주의자였기에 빨리 정상에 오르는 것만 신경쓰다 보니 정상에서 낮아지는 모든 것은 의미가 없고 방해물처럼 여겨졌기 때문입니다. 돌아보면 산을 좋아하거나 존중했던 것이 아니라 산을 투쟁과 극기의 대상으로만 여겼을 뿐입니다.

그러다가 다른 사람보다 빨리 가는 것이 중요한 것이 아니라 자신의 길을 걸어가야겠다고 생각하게 되면서부터 달라졌습니다. 산에 오르다가 내리막길이 나타나더라도 허탈하지 않고 편안해졌습니다. 그 역시 하나의 과정이라 여기고, 오히려 호흡을 고르며 주변의 풍광을 즐길 수 있게 되었습니다.

우리는 흔히 인생을 산에 비유합니다. 봉우리가 있으니까 골짜기가 있는 것처럼 삶 역시 오르막과 내리막이 교차합니다. 그렇기에 산에 오르는 태도와 인생을 사는 태도는 다르지 않습니다.

인생의 등정주의자는 속도와 성공을 중시하며 기록 경신과 성공 경험만을 중요하게 여기기 쉽습니다. 하지만 인생의 등로주의자는 도전 정신과 과정을 중시하므로 실패나 방황을 포함한 인생 전체를 사랑합니다. 그래서 문제나 방해물에 부딪히면 등정주의자는 조바심과 짜증을 내느라 잘 풀지 못하게 되고, 상대적으로 등로주의자는 침착하게 문제를 풀어갈 수 있습니다.

당신이 인생을 등로주의자가 되어 살아간다면 당신의 삶은 어떠한 변화가 있을까요? 당신 앞에 나타난 내리막길이 어떻게 느껴질까요?

"참된 등산가는 하나의 방랑자이다. 내가 말하는 방랑자는 일찍이 인류가 도달하지 않은 곳에 가고 싶어 하는 사람, 인간의 손가락이 닿지 않은 바위를 붙잡거나, 안개와 눈사태로 음산한 그림자가 비친 얼음으로 가득찬 낭떠러지를 올라가는 데 기쁨을 느끼는 사람이다. 바꾸어 말하면 참된 등산가는 새로운 등반을 시도하는 사람인 것이다. 그는 성공에서나 실패에서나 투쟁의 재미와 즐거움에 희열을 느낀다." 앨버트 머메리

57

내가 커지면 문제는 작아진다

초등학교를 졸업한 뒤에 학교에 가본 적이 있나요? 저는 성인이 되어서도 여러 번 간 적이 있습니다. 그런데 학교에 갈 때마다 놀라곤 합니다. 학교가 참 작아 보였기 때문입니다. 그렇게 넓게 느껴졌던 운동장도 작아 보이고, 그 높았던 철봉이나 농구 골대도 너무 낮아진 것입니다. 그뿐인가요? 책걸상은 또 얼마나 작아 보이는지요.

그럼 정말 학교가 작아진 것일까요? 학교가 작아진 것이 아니라 그만큼 우리가 큰 것입니다.

세상이 유난히 힘들게 느껴지고 내가 짊어진 짐이 제일 무겁게 느껴질 때가 있습니다. 사람들의 말 한마디가 비수처럼 와 닿고 모두 자기밖에 모르는 사람들처럼 느껴질 때도 있습니다. 나를 생각해 주는 사람이 단 1명도 없는 것 같아 아무도 만나고 싶지 않습니다. 그냥 문을 닫고 혼자 가만히 있고 싶습니다.

그런데 과연 세상과 사람들이 바뀐 것일까요? 그렇지 않습니다. 사람이나 세상이 변한 것이 아니라 내가 약해지고 내 마음이 작아졌기 때문입니다. 자신이 짊어진 짐이 제일 무겁다고 느끼거나 아무도 자신을 이해해 주지 않는다고 느꼈던 사람들도 상담을 통해 자존감을 회복하고 넓은 마음을 되찾으면 달라집니다. 큰 바위처럼 보였던 문제들을 돌멩이처럼 작게 보고 자신을 아프게 하거나 힘들게 했던 상대방을 아이처럼 작게 느끼기도 합니다.

중요한 것은 문제를 만나지 않고 사람과 관계하지 않는 것이 아니라 나의 존재를 키우고 나의 마음을 넓히는 것입니다. 당신이 커지면 문제는 작아지고 당신이 작아지면 문제는 커집니다. 당신의 마음이 넓어지면 갈등은 작아지지만, 당신의 마음이 좁아지면 갈등은 커집니다. 나와 세상의 크기는 반비례하기 때문입니다.

58 참새가 허수아비를 두려워하지 않는 이유

걱정이나 불안에 시달리는 사람들일수록 그들의 불안을 들여다보면 실체가 없거나 현실에서 벌어질 가능성이 극히 적은 경우가 많습니다.

예를 들면 차가 터널을 지나갈 때 질식해서 죽을 것 같은 공포를 느끼거나 운전하면서 누군가를 치지 않았을까 하는 걱정 때문에 왔던 길을 다시 되돌아가는 것, 세상 사람들이 온통 자기만을 쳐다보는 것 같아 밖에 잘 나가지 않는 것들입니다.

왜 이들은 이렇게 비현실적인 문제로 불안해 하는 것일까요? 그것은 자신의 느낌과 생각을 사실로 받아들이기 때문입니다. 죽을 것 같은 느낌이 들면 자신이 진짜 죽는 것으로 받아들이고, 사람들이 자신을 이상하게 보는 것 같은 느낌이 들면 실제로 사람들이 자신을 이상하게 본다고 믿기 때문입니다.

최근 급증하는 공황장애 환자들이 대표적인 사례입니다. 공황장애는 일종의 뇌 속 비상벨이 오작동을 일으켜 갑자기 질식할 것 같거나 쓰러질 것 같은 불안을 느끼는 병입니다. 이 환자들은 응급실에 가서 별다른 신체적인 문제가 없다는 것을 여러 번 확인하고도 자신의 느낌을 사실이라 믿고 늘 불안으로부터 도망치려 합니다.

지금은 참새가 많이 줄어들었지만 예전에는 참새가 많았습니다. 그래서 농촌의 들녘에는 허수아비도 많았습니다. 애써 키운 곡식을 참새가 먹지 못하게 하기 위해서입니다.

그런데 가만히 보면 허수아비가 있음에도 참새들은 너무 유유자적하게 곡식을 쪼아 먹습니다. 심지어는 허수아비의 머리 꼭대기 위에 올라가서 놀기도 합니다.

그런데 참새는 처음부터 허수아비가 겁나지 않았을까요? 그렇지 않았을 것입니다. 아마 처음에는 사람인줄 알고 조심스러워 근처에도 못

갔을 것입니다. 하지만 참새가 가만히 보니 무언가 사람과 다른 점들이 보였을 것입니다. 허수아비는 바람이 불어야 움직이고 소리가 나는 것임을 알아차린 것입니다.

즉, 어느 순간 자신이 느끼는 불안이 가짜일 수도 있다는 것을 깨달으면서 조금씩 허수아비에게 다가섰을 것입니다. 관찰과 실험을 통해 진짜와 가짜를 분별할 줄 알게 된 것입니다.

많은 사람들이 자신의 느낌과 생각을 사실처럼 여기고 끌려 다닙니다. 그렇기에 무엇이 사실이고 무엇이 허구인지, 무엇이 현실이고 무엇이 비현실인지 구분하지 못하는 경우가 많습니다. 결국 삶의 수많은 허수아비를 관찰하고 분별하기보다는 도망치기에 급급하게 됩니다.

그러나 나의 느낌과 생각이 꼭 사실이 아닐 수도 있음을 받아들이고 불안의 대상을 관찰하게 되면, 대상에 조금씩 다가설 수 있는 용기가 생겨납니다. 그리고 그동안 자신이 느껴왔던 커다란 불안이 사실은 실체가 없는 것임을 깨닫는 순간이 찾아옵니다. 그 순간, 허수아비 머리 위로 날아올라간 참새처럼 당신의 삶은 비상하게 됩니다.

우습게 생각하지 말고 참새가 되어보세요. 내가 지금 느끼는 위험이 사람인지 아니면 사람 형상을 한 허수아비인지 가만히 들여다보세요. 그리고 무언가 의문이 생기면 조금씩 다가가보세요.

59

걱정 세탁법

히말라야 근처에 성자가 살았는데 하루는 그의 제자가 간절하게 물어보았습니다. "어떻게 하면 고뇌에서 벗어날 수 있습니까?" 스승은 그때마다 아직은 가르쳐줄 때가 아니라고 했습니다. 제자는 그 대답이 너무 궁금했지만 참고 기다렸습니다.

스승을 만난 지 10년이 되자, 스승은 제자를 데리고 숲에 가더니 정신없이 뛰기 시작했습니다. 스승은 한참을 달리다가 갑자기 큰 나무를 끌어안고 살려달라고 외쳤습니다. 제자는 나무에 매달린 스승을 떼어놓으려고 했지만 스승은 도무지 떨어지지 않았습니다.

그런데 제자가 가만히 보니 나무가 스승을 붙잡고 있는 것이 아니라 스승이 도리어 나무를 붙잡고 살려달라고 외치는 것이었습니다. 너무 우스꽝스러운 상황이라 제자는 스승에게 얼른 손을 놓으라고 했습니다. 그제야 스승은 나무를 놓으면서 말했습니다.

"제자야! 바로 이것이 고통에서 벗어나는 길이란다."

우리는 걱정이나 문제가 자신을 붙잡고 있다고 생각합니다. 그런데 위 이야기처럼 우리가 걱정이나 문제를 붙들고 있는 것은 아닐까요?

특히 비현실적인 불안이나 걱정일수록 그럴지도 모릅니다. 굳이 일어날 가능성도 없는 일을 떠올리며 불안해 하지만 정작 현실에 산적한 문제나 걱정을 외면하는 경우도 많습니다. 우리가 걱정하는 96퍼센트가 현실에서는 일어나지 않는 것이라는 통계도 있지 않습니까!

그러므로 우리는 마음 안에 필터를 달아 필요한 걱정과 불필요한 걱정을 구분하고 걸러낼 필요가 있습니다.

이를 위해 유용한 방법 하나를 알려드리겠습니다. 흔히 빨랫감이 생긴다고 바로 빨래를 하지 않습니다. 어느 정도 빨랫감이 모이면 세탁기를 돌립니다.

그럼 걱정할 때는 어떻게 하세요? 모았다가 하나요, 아니면 바로바로 하나요? 걱정이 많은 편이라면 평소 빨래를 하듯이 하는 것이 좋습니다. 그때그때 걱정거리가 생길 때마다 붙잡고 있기보다는 걱정을 통에 모아 '걱정 시간'에 집중해서 생각하는 것입니다.

우선 걱정이 들 때마다 그 내용을 종이에 적어 걱정통에 담습니다. 그리고 열 개가 넘는다면 이제 걱정통을 열어봅니다. 하나씩 보고서 더 이상 걱정할 필요가 없는 것은 버리고 여전히 걱정이 되는 것은 어떻게 대처하면 좋을지 그 방법을 적어봅니다.

아무런 대책조차 세울 수 없는 걱정도 있을 것입니다. 하지만 어떻게 할 수 없는 걱정은 그냥 받아들일 수밖에 없습니다. 일명 '걱정 세탁법'입니다.

중국 격언처럼 지나친 걱정에 대처하는 중요한 전략은 걱정과 근심이 떠오르는 것을 막으려 하기보다는 그것들이 우리 마음에 둥지를 틀지 못하도록 하는 것이니까요.

문제해결력 키우기

학생들이 잘 모르는 문제를 이해하지 못하고 넘어가면 다음에 또 틀리는 것처럼 삶의 문제도 마찬가지입니다. 어떤 문제나 경험을 통해 배우지 못하면 역시 비슷한 문제에서 또 넘어지게 됩니다. 그러므로 삶의 문제에 부딪혔을 때 우리가 이를 헤쳐 나아갈 수 있는 지혜와 문제해결 능력을 키워야 합니다.

첫째, '문제'와 '존재'를 구분하라

마음에 칸막이를 만들어 문제와 존재를 분리하는 연습이 필요합니다. 문제와 존재를 동일시하지 않는 것입니다. 이제 문제는 구름으로, 자신은 하늘이라고 상상합니다. 구름은 비가 되어 사라지고 바람이 불면 흩어집니다. 구름이 하늘을 덮고 있다 해서 구름이 곧 하늘은 아닌 것처럼, 나에게 문제가 찾아온 것일 뿐, 나라는 사람 자체가 문제인 것은 아닙니다.

둘째, 할 수 있는 만큼만 하라

문제해결 능력이 떨어지는 사람들은 대개 '잘하거나 아예 하지 않는' 이분법으로 대상에 접근합니다. 즉, 잘하지 못할 것이라 생각하면 아예 하지 않는 것입니다. 문제를 해결하려는 자세에서 가장 중요한 것은 바로 스스로 할 수 있는 데까지 하는 것입니다.

셋째, 문제를 쪼개라

나뭇가지 열개가 묶인 것을 부러뜨리려면 끈을 풀고 하나씩 꺾으면 되는데, 문제해결력이 부족한 사람들은 나뭇가지 묶음을 한번에 부러뜨리려 합니다. 즉, 이들은 늘 문제를 덩어리로 바라보기 때문에 시작할 엄두조차 내지 못합니다.

세상에 풀리지 않는 문제란 없습니다. 문제를 잘게 쪼개서 하나하나에 집중하면 해결할 수 있습니다. 문제 앞에서 망설이는 자신을 발견한다면 이 말을 떠올려보길 바랍니다. '쪼개라!'

넷째, '어떻게'로 나아가라

실행력이 부족한 사람들은 문제에 부딪히면 '왜 이런 문제가 생겼을까?'라는 생각에서 쉽게 벗어나지 못합니다. 반면 실행력이 뛰어난 사람들은 '어떻게 하면 이 문제를 해결할 수 있을까?'를 함께 생각합니다.

문제해결력을 키우려면 초점을 전환하는 훈련이 필요합니다. '왜'에서 시작하여 '어떻게'로 나아가야 합니다. 해결지향적인 질문을 던지면 반드시 문제를 해결할 수 있는 답이 나오게 마련입니다.

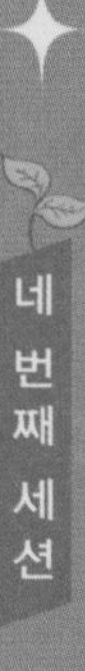

변화와 도전 속에 균형 잡기

실험하라, 인생은 당신 편이다

60

헛똑똑이

겉으로는 겸손하게 이야기하는 사람들조차도 마음속으로는 자신이 다른 사람들보다 똑똑하고 유능하다는 우월감을 가진 경우가 많습니다.

한 조사에 의하면 무려 대학교수의 94퍼센트가 자신이 동료 교수보다 연구수행 능력이 더 뛰어나다고 생각하는 것으로 알려졌습니다. 그렇기에 당연히 자신이 더 많은 연봉을 받아야 하고, 학생들에게 더 좋은 평가를 받아야 한다는 생각을 하겠지요. 이는 다른 분야의 일을 하는 사람들도 다르지 않습니다.

우리는 실제보다 자신을 유능한 사람이라고 여깁니다. 물론 그에 맞는 객관적으로 인정할 만한 실력을 가진 사람도 있지만 단지 자존감으로 인해 근거 없이 생각하는 경우도 많습니다.

문제는 시험이나 과제를 통해 객관적인 평가를 받게될 때입니다. 실제보다 자신을 유능하다고 생각하는 사람들은 자신의 주관적 우월감이 객관적 평가를 통해 무너져 내릴지도 모른다는 위협감을 느끼게 됩니다. 그래서 의식적·무의식적으로 자기방어를 하게 됩니다. 즉, 좋은 평가를 받기 위해 노력하는 것이 아니라 결과가 좋지 않게 나올 수밖에 없었다는 핑계를 댈 구실을 찾는 것입니다.

시험을 앞둔 학생이 평소에는 잘 해왔다고 하더라도 정작 시험에 임박하면 친구들과 놀아버리거나 이유도 없이 여기저기 아픈 것이 대표적인 사례입니다. 이러한 자존감 보호전략을 심리학에서는 '셀프 핸디캐핑self-handicapping'이라고 이야기합니다.

즉, 결과가 좋지 않더라도 이는 자신이 못나거나 능력이 부족해서가 아니라 그럴 수밖에 없었던 이유가 있었기 때문이라며 알게 모르게 그 이유를 만드는 것입니다.

이들은 삶을 살아가면서 실력을 쌓는 일보다 똑똑해 보이는 것을 중시하는 사람들이기에, 정작 중요한 순간에 자신을 불리하게 만들고 한순간에 무너져 내립니다. 모르는 것을 알려고 하기보다는 아는 척을 하게 되고, 어떻게든 자신이 쏟는 노력에 비해 좋은 결과가 있기만을 바라며 난이도가 있는 도전은 점점 피하게 되니까요. 바로 헛똑똑이로 살아가는 것입니다.

이에 비해 똑똑해 보이는 것보다 실력이 향상되는 것을 중요하게 여기는 사람들이 있습니다. 이들은 '똑똑한 사람'이 아니라 '배우는 사람'이라는 정체성을 가진 사람들입니다.

그래서 기본적으로 시험이나 평가를 실력 확장의 발판으로 바라보며 실수를 통해서도 기꺼이 배울 준비가 되어 있는 사람들입니다. 모르는 게 있으면 창피해하기 보다는 주위에 물어보고, 점차 어려운 도전에 나서게 됩니다. 이들은 굳이 셀프 핸디캐핑이라는 자기파괴적인 보호 전략을 쓸 필요가 없겠지요.

자, 당신은 어떤 사람일까요? 똑똑해 보이려는 사람인가요, 아니면 실력 향상을 추구하는 사람인가요?

61

모든 인생은 실험이다

나이지리아에는 전기가 들어오지 않는 지역이 많습니다. 무더운 날씨에도 냉장고를 쓸 여건이 되지 못하기에 음식은 쉽게 상하고 당연히 주민들의 건강은 좋지 않았습니다.

이를 안타까워한 모하메드 바 아바라는 한 교사가 값싼 냉장고를 만들기 위해 작은 실험들을 했습니다. 그리고 시행착오를 거쳐 마침내 1995년에 1달러짜리 냉장고를 만들었습니다. 상상이 되세요, 1달러짜리 냉장고가 어떻게 생겼는지?

방법은 간단합니다. 큰 항아리 속에 작은 항아리를 넣고 그 사이에 젖은 모래를 넣은 후 젖은 헝겊으로 작은 항아리를 덮습니다. 수분이 증발할 때 주위의 열을 가져감으로써 작은 항아리가 시원해지도록 설계한 것입니다.

이로 인해 사흘 만에 상하던 음식물이 한 달 가까이 신선도를 유지할 수 있게 되어 주민들의 건강과 삶의 질은 크게 향상되었습니다. 한 사람의 작은 실험으로 인해서 말입니다.

상담이나 코칭을 할 때에는 원하는 변화를 이끌어내기 위해 작은 시도를 반복합니다. 타인의 말을 경청하지 못하는 점을 고치고 싶어 하는 사람에게는 우선 일주일 동안 전화 통화를 할 때 인터넷 서핑 같은 다른 행위를 중단하고 오직 전화에만 집중하도록 합니다.

집중력이 떨어져서 아무것도 할 수 없다고 느끼는 사람이라면 우선 일주일 동안 고정된 시간에 알람을 맞춰 놓고 그 시간이 되면 최소 5분만이라도 하려고 했던 일을 하도록 합니다.

작은 실험이 잘되면 좀더 수준을 높여 재시도하고, 안 되면 안 되는 이유를 살피고 보완해서 다시 시도합니다. 이러한 작은 실험들을 통해 사람들은 자신에게 맞는 문제해결 방법을 찾게 됩니다.

그런데 정작 내 삶의 실험일지는 빈약한 느낌이 듭니다. 돌아보면 거창한 실험들을 생각했지 정작 일상에서 손쉽게 할 수 있는 작은 실험들을 떠올리지 못했습니다.

그래서 최근에는 일상에서 쉽게 시도할 수 있는 작은 실험들을 하고 있습니다. 뉴스에 너무 빠져 있을 때에는 '일주일 뉴스 안보기'를 실천하고, 마음이 바쁘고 조급할 때에는 '숨을 천천히 내쉬기' 등과 같은 작은 행동을 해보는 것입니다.

작은 시도나 실험이 흐트러진 삶에 질서를 부여하고 권태로운 일상에 새로운 자극이 된다는 것을 느낄 수 있습니다.

세상은 실험실이고 삶은 실험입니다. 예상했던 결과가 나오면 나오는 대로, 예상하지 못한 결과가 나오면 또 그것대로 배워 더 나은 실험으로 이어가는 것이 중요합니다. 인생의 이력서에 채워야 할 것은 바로 당신의 실험 기록입니다. 거창할 필요는 없습니다. 스스로 실험재료가 되면 됩니다.

이제 당신에게 필요한 일상의 작은 실험이 있다면 무엇일까요? 

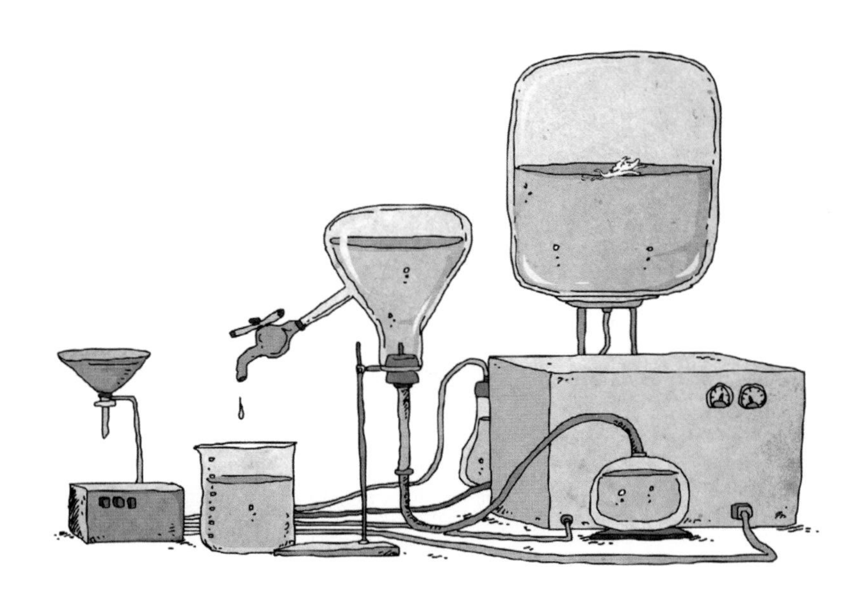

62

열등감은 탁월함을 끌어내는 디딤돌

연예인이나 미스코리아인 사람들은 외모에 대한 열등감이 없을까요? 그렇지 않습니다. 이들은 주로 예쁜 사람들이 모인 곳에 있기에 열등감이 더 크면 컸지 더 적지는 않습니다.

어떤 사람들은 "왜 열등감을 느껴?"라고 당당하게 말하지만 사실 열등감은 인간으로서 느끼는 보편적인 감정입니다. 주위에서 보면 모든 것을 다 갖춘 것처럼 보이는 사람이라도 정작 자신은 무언가 부족하다고 느끼게 마련입니다. 체형과 외모, 학력, 집안, 운동 능력, 화술, 인간관계, 성격, 재산 등 어떤 부분에서는 부족하다고 느끼는 점이 있을 테니까요.

문제는 사람이란 자신이 가진 것에 만족하기보다 자신에게 없는 것을 욕망하기 때문에 이러한 약점은 열등감이라는 감정으로 이어지기 쉽습니다. 특히 어린 시절에 단점으로 인해 놀림을 받거나 수치심을 느낀 일이 있었다면 그 열등감은 보편적 수준을 넘어 병적으로 확대됩니다.

즉, 자신이 한 부분에 부족함이 있다고 느끼는 것이 아니라 자신에게 근본적인 결함이 있고 그렇기에 사람들이 그 부분을 알면 자신을 무시하거나 싫어할 것이라고 믿습니다.

그런데 열등감 자체가 꼭 삶에 해로운 것일까요? 그렇지 않습니다. 사실 보편적인 열등감을 가진 사람이라면 자신의 약점을 보완하기 위해 자신의 강점을 발달시키게 됩니다.

하지만 병적 열등감을 가진 사람들은 그렇지 못합니다. 이들은 자신의 인간적인 약점을 치명적인 것으로 느끼고, 어떻게든 단점을 감추거나 커버하는 데 에너지를 집중하느라 정작 자신이 원하는 삶이나 강점에 집중하지 못합니다.

예를 들어 대학을 나오지 못했다는 것이 어떤 사람에게는 치명적인 걸림돌로 느껴져서 늘 거짓말을 하고 누군가에게 들키지 않을까 불안할 수 있지만, 어떤 사람들에게는 오히려 탁월함을 끌어내는 디딤돌이 될 수 있습니다.

허영만 화백이 그렇습니다. 그는 '고졸'이라는 열등감이 있었지만 이를 감추기보다는 '나보다 못한 사람은 없다'라는 구절을 책상 앞에 붙여놓고 늘 공부하는 만화가가 되려고 노력했습니다. 학력이 짧으니 실력으로 승부할 수밖에 없었습니다. 그렇다 보니 메모광이 되었고 발로 뛰는 작가가 되어 이 시대 최고의 만화가로 거듭나게 되었습니다.

열등감만이 탁월함의 밑바탕이라고 할 수는 없지만 탁월함의 밑바탕에는 크고 작은 열등감이 내재되어 있는 법입니다. 그러므로 여러분이 가진 열등감이나 부족함이란, 어떻게 보면 당신을 가로막는 걸림돌이 아니라 당신 안의 가능성을 끌어낼 수 있는 디딤돌이 될 수 있습니다.

63

사람의 그릇 크기는 달라질 수 있다

아무리 애를 써도 사람이 실제로 사용하는 근력은 잠재능력의 50~60퍼센트를 넘지 않는다고 합니다. 남은 잠재능력은 위기의 순간을 위해 비축되어 있습니다.

엄마가 아이를 구하기 위해 자동차를 들어 올렸다거나 노인이 집에 불이 나자 패물이 든 장롱을 메고 뛰쳐나왔다는 식의 이야기는 다소 과장되었을 수는 있겠지만 허무맹랑한 이야기는 아닙니다.

1907년 르완다로 조사를 나갔던 독일의 한 인류학자는 투치족이라는 부족의 놀라운 점프력을 목격했습니다. 어떤 부족원은 자신의 키보다 더 높은 1.9미터 정도를 너무 쉽게 뛰어넘었습니다. 1912년도에 공인된 남자 높이뛰기 세계신기록이 2미터였다는 것을 생각해 보면 아프리카 오지의 원주민이 어느 정도의 실력이었는지를 짐작할 수 있을 것입니다.

왜 투치족은 점프력이 대단했을까요? 그 이유는 투치족의 전통에 있었습니다. 투치족 사람들은 어른이 될 때까지 자신의 키만큼 높이 뛰어야 성인식을 치를 수 있기 때문에 어려서부터 계속 높이뛰기를 연습해 온 것입니다.

사람들은 흔히 자신의 그릇 크기를 알아야 한다고 말합니다. 자신의 그릇보다 더 많은 것을 담으려는 어리석음을 경계하라는 뜻이겠지요.

하지만 이 말은 실패를 두려워하고 도전을 회피하는 사람들에게는 자기합리화를 위한 수단으로 악용되는 경우가 많습니다. 사람마다 그릇의 크기가 다른 것은 사실이지만 그렇다고 그 크기가 고정된 것은 아닙니다.

생각해 보세요. 지금 보이는 자신의 모습이 과연 나라는 사람의 크기를 말해주는 것일까요? 사람이란 그 크기가 무한정 커지는 것은 아니지만 그 그릇의 크기가 고정된 존재가 아닙니다. 신체의 성장은 성장판이 닫히면 끝나지만 삶의 성장은 더 나아지려는 마음이 있는 한 끝이 없기 때문입니다.

그럼에도 우리는 지금 보이는 모습만을 자신의 전부인 양 생각하기 쉽습니다. 마치 근력의 50~60퍼센트만을 발휘해 본 사람들이 그것이 신체적 한계라고 믿고 있듯이 말입니다.

그러나 올림픽마다 인간의 한계라고 일컬어졌던 기록이 계속 경신되는 것을 보면 인간의 조건은 예나 지금이나 비슷하지만 도전과 노력, 방법적인 개선이 반복되면 인간의 능력이란 계속 향상될 수 있음을 말해줍니다.

자신을 크기가 고정된 그릇이라고 생각하면 그 크기 이상을 벗어날 수 없습니다. 하지만 커질 수 있는 그릇으로 자신을 바라본다면 우리는 점점 확장할 수 있는 그릇이 될 수 있습니다.

당신은 자신을 어떻게 보시나요?

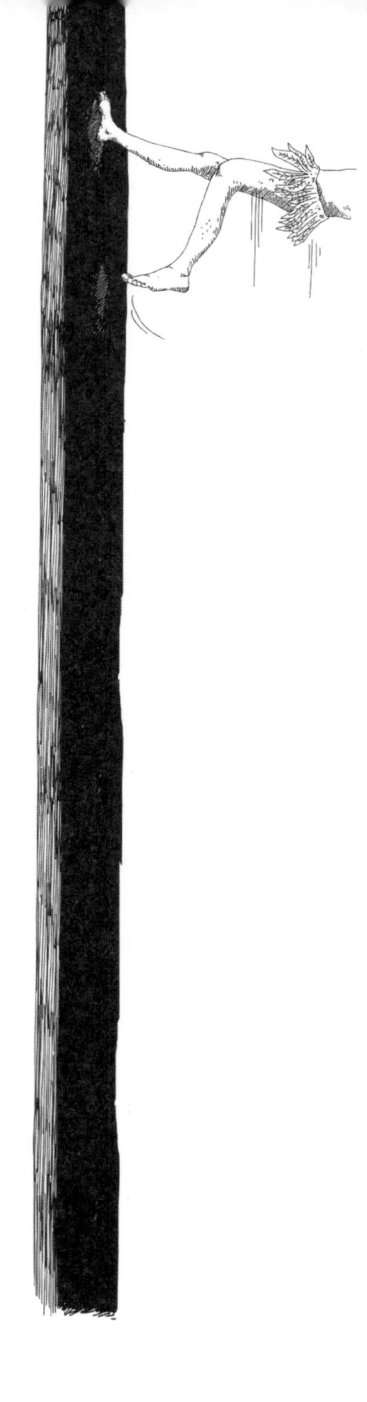

64

일에 마음을 열어라

우리는 '일' 하면 부정적인 느낌을 받습니다. "일이 좋아서 하는 사람이 어디 있냐!"는 말처럼 일은 어쩔 수 없이 하는 스트레스이고 생계를 위한 고역이며, 심지어는 형벌의 의미로 받아들이기도 합니다. 일이 'ill'이 된 것입니다.

많은 사람들은 마치 자식 때문에 이혼하지 못하고 형식적으로 관계를 유지하는 부부처럼 마음을 닫고 일을 합니다. 자식이 결혼하면 그때 이혼하고 자신의 삶을 살겠다고 생각하는 부부처럼, 어쩔 수 없이 일해야 하는 시간이 지나면 남은 여생을 즐기겠다고 다짐합니다. 인생을 둘로 나누어 사는 것입니다. 과연 그 사람에게 행복하고 즐거운 날이 찾아올까요?

많은 직장인들이 일은 귀찮고 하기 싫은 것이라고 느끼며 퇴근시간만을 기다립니다. 그렇다면 우리는 일상생활 중에 언제 행복이나 몰입감을 느끼는 것일까요? 많은 사람들이 퇴근 후 여가시간이나 사람들과 놀 때라고 대답할 것입니다.

하지만 실시간으로 사람들의 몰입 상태를 조사한 심리학자 미하이 칙센트미하이에 의하면 의외의 결과를 확인할 수 있었습니다. 여가 시간에는 정작 사람들의 몰입 상태가 18퍼센트에 불과했지만, 일할 때에는 오히려 최대 64퍼센트의 몰입 상태를 경험하는 것으로 조사되었습니다.

어쩌면 우리는 '일은 괴로운 것'이라고 마음을 닫고 있기 때문에 실제로는 일을 더 좋아하면서도 싫어한다고 착각하고 있는지도 모릅니다.

현재의 일은 괴로운 것이라는 틀에서 벗어나 보세요. 자신에게 맞는 일을 찾는 것만큼이나 일에 대한 능동적 태도를 갖는 것도 중요합니다. 즉, 어떤 일을 하더라도 자신의 일에 의미를 부여하고 업무를 능동적으로 대하는 태도가 없다면 일은 시간이 지날수록 고역이 될 수밖에 없습니다.

일에 대한 능동적 태도를 갖기 위해 뉴욕대학교 조직심리학자인 에이미 브제스니에프스키의 세 가지 제안을 소개드릴까 합니다.

첫째로는 업무의 종류, 내용, 형식, 분량 등을 변화시켜 보는 것입니다. 후임을 위해 업무 매뉴얼을 만들어볼 수도 있고, 보고의 형식을 바꿔보거나 새로운 제안을 하거나, 고객을 분류해서 좀더 세분화된 마케팅 방식으로 접근해 볼 수도 있을 것입니다.

둘째로는 관계나 사회적 접촉을 늘려가는 것입니다. 동료나 고객과의 대화 시간을 늘려보거나 비슷한 업무를 하는 사람들이 있는 커뮤니티에 가입하거나 자신의 업무를 통해 지역사회에 공헌할 수 있는 기회를 찾아보는 것입니다.

셋째로는 자신이 맡은 업무를 내적 가치와 의미를 담아 적극적으로 재정의해 보는 것입니다. 화장품 판매원이라면 화장품을 파는 사람이라는 기계적 개념에서 벗어나 소비자의 아름다움을 가꾸어주는 사람이라는 의미에서 '뷰티 컨설턴트'라고 정의내릴 수 있겠지요.

일에 마음을 열어보세요. 일은 고역이라는 닫힌 마음을 열게 되면 우리는 지금의 일과 더 좋은 관계로 나아갈 수 있고, 더 나아가 자신에게 맞는 일을 찾아갈 수 있습니다. 일은 고역이나 껍데기가 아니라 자신이 어떤 사람인지를 드러내는 것이고 삶의 중심이며, 평생 함께할 사랑의 대상이니까요.

65

삼세번의 필수 조건은 '준비'

우리말에 '삼세번'이라는 말이 있습니다. 이 말은 여러 상황에서 쓰이고 다양한 의미를 내포하고 있습니다. '듣기 좋은 말도 삼세번'이라는 말처럼 지나침을 경계하는 의미로 쓰일 때도 있고, 삼고초려라는 말처럼 세 번은 해봐야 한다는 끈기의 의미로 쓰일 때도 있고, 두 번까지는 실수를 저질러도 이해할 수 있다는 관용의 의미로도 쓰입니다.

그런데 왜 우리 조상들은 '세 번'이라는 말에 또 '삼'이라는 말을 덧붙여 굳이 '삼세번'이라고 했을까요? 여러 가지 의미 중에서 그만큼 끈기를 강조했기 때문이라고 봅니다. 무슨 일을 할 때 한 번 해서 안 된다고 포기하지 말고, 적어도 세 번은 해보고 나서 판단하라는 의미가 아니었을까요?

구직 활동에서 이전에 탈락한 회사나 기관에 다시 도전하는 사람이 있다면 회사에서는 그 지원자를 어떻게 생각할까요? 한 취업포털 업체에서 281명의 인사담당자를 상대로 조사를 해보았더니 70퍼센트의 인사담당자가 긍정적으로 생각한다고 답했습니다. 도전 정신을 높이 산 것입니다.

그러나 한 번 떨어졌던 사람들을 재도전했다는 이유만으로 뽑아줄 리는 만무합니다. 재지원자 중에서도 최종적으로 선발되는 인원은 대략 30퍼센트 정도라고 합니다.

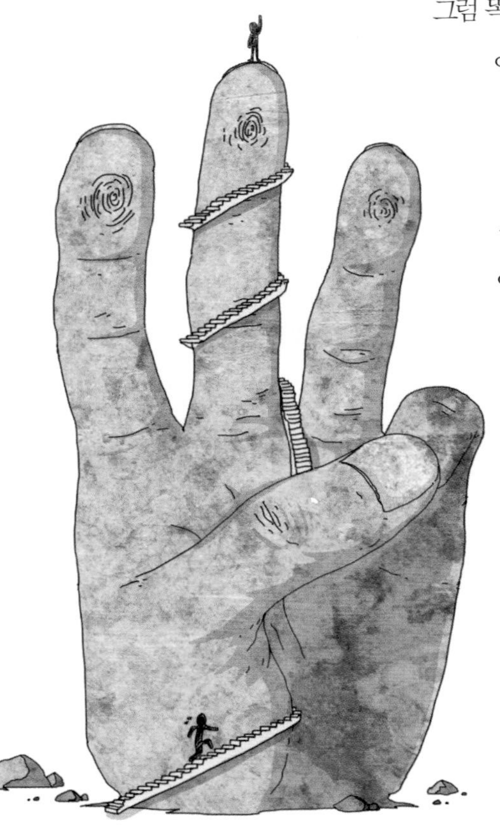

그럼 똑같이 재도전한 사람들 중에서 어떤 사람들이 뽑히고 어떤 사람들이 또 떨어졌을까요? 처음 지원했을 때 부족했던 부분이 무엇이었는지 잘 파악하고 이를 보완한 사람들은 선발이 되었지만 그렇지 않은 사람들은 떨어졌습니다. 어찌 보면 너무 당연한 이야기입니다.

그러나 우리는 이러한 기본적인 사실을 너무 망각할 때가 많습니다. 몰라서 못할 때도 있고, 알고도 하지 않는 경우도 있습니다. 그중에는 '계속 하면 한 번은 되지 않겠어?'라는 마음을 가진 사람도 있습니다. 일종의 요행을 바라는 것입니다.

하지만 삼세번 정신의 핵심은 '한 번은 되겠지!'라는 의미가 아니라 두 번의 실패 경험을 통해 잘 배우고 세 번째에는 잘 준비해서 도전하라는 의미입니다. 안 되면 다시 하는 것이 중요합니다. 그러나 더 중요한 것은 똑같은 방법으로 다시 하는 것이 아니라 좀더 나은 모습으로 재시도하는 것이 중요합니다.

그렇기에 무언가에 도전할 때에는 다음과 같이 마음먹고 시작하는 자세가 필요합니다. '처음에는 잘 안 될 수도 있어. 하지만 잘 안 된다면 왜 안 되었는지 살펴보고 다시 도전할 거야! 알겠지?'라고 말이죠.

66

피고지기를 반복하는 배롱나무꽃처럼

K씨는 무역회사에 다니는 직장인입니다. 그에게는 사이클이 있습니다. 자기계발을 위해 과도한 계획을 세워 무언가를 열심히 하는 시기가 반짝 있다가 뜻대로 되지 않으면 어느새 아무것도 하지 않는 무기력한 시기가 교차합니다. 겨우겨우 회사 일만 해내는 정도로 지내는 것입니다.

문제는 시간이 지날수록 열심히 사는 시기가 짧아지고 무기력한 시기가 길어진다는 것입니다. 그를 보면 심한 다이어트에 매달려서 단기간에 체중감량에 성공하지만 이내 폭식으로 인해 급격하게 체중이 늘어나는 폭식증 환자가 생각납니다.

혹시 배롱나무를 아시나요? 배롱나무꽃은 여름에 피어나 가을까지 이어집니다. 백일도 넘게 피어 있다고 해서 '나무 백일홍'이라고도 불립니다.

'열흘 붉은 꽃이 없다'는 말도 있는데 이 꽃은 어찌 이리 오래 필 수 있는 것일까요? 사실은 꽃 한 송이가 백일동안 피어 있는 것은 아닙니다. 먼저 핀 꽃이 지면 곧바로 꽃대 아래에서 새 꽃을 피워내고 그 꽃이 지면 또다른 꽃이 피어나기를 거듭하다 보니 늘 꽃이 지지 않는 것처럼 보이는 것입니다. 즉, 백일동안 피고지고를 반복하는 셈입니다.

옛날에는 집에 배롱나무를 즐겨 심은 선비들이 많았다고 합니다. 이는 오랫동안 꽃을 즐길 수 있어서이기도 하거니와 어떻게 보면 그 끈질긴 생명력을 귀감으로 삼고자 함이 아니었을까 싶습니다.

K씨처럼 게으름 문제로 상담이나 코칭을 받는 사람들에게서 공통적인 특징을 발견할 수 있습니다. 뜻대로 혹은 계획대로 되지 않을 때 이들은 '자포자기'를 합니다. 왜 잘되지 않았고, 어떻게 하면 잘될 수 있을지를 고민해서 새로운 방식으로 재시도하지 않고 그냥 그만두는 것입니다.

그리고는 거의 아무것도 하지 않는 무기력한 상태로 있다가 어느 순간 위기감이 들면 또다시 반짝 정신을 차립니다. 그리고 다시 무언가를 시도해 보지만 역시 뜻대로 되지 않으면 금세 무기력해지는 사이클을 반복합니다.

이분들에게 나는 배롱나무 이야기를 해줍니다. 계획을 세우고 실천할 때 자신을 배롱나무라고 생각하고 시작하라는 의미에서입니다. 즉, 떨어진 꽃에 낙담하는 대신 새 꽃을 피워 올리는 배롱나무처럼 계획대로 잘 되지 않을 때 포기하기보다 왜 안 되었는지를 살펴보고 이를 보완해서 '재시도'하는 과정을 만들자는 것입니다. 꾸준히 잘하는 능력을 키우는 것이 아니라 잘되지 않을 때 재시도하는 능력을 키우는 것이 게으름 해결의 관건이기 때문입니다.

당신도 그랬으면 좋겠습니다. 한 번도 떨어지지 않으려 하기보다는, 떨어진 꽃에 마냥 슬퍼하기보다는, 배롱나무처럼 계속 새 꽃을 피워내는 그런 삶이었으면 좋겠습니다.

67

하루에 한 걸음만

큰아이가 어렸던 시절, 벽 앞에 세우고 키를 잴 때면 두 가지 이유 때문에 기분이 좋았습니다. 하나는 아이의 키가 조금이라도 자란 것을 보면 기분이 좋았고, 또다른 이유는 아이가 까치발을 들지 않고 가만히 서 있는 모습 때문이었습니다. 작은 키 때문에 스트레스를 받는 데도 아이가 자신을 인정하고 받아들이는 것 같아 다행이라는 생각이 들었습니다.

상담을 하다 보면 노자의 『도덕경』에 나오는 '기자불립 과자불행企者不立 跨者不行'이라는 말이 절로 이해가 됩니다. 이 말은 '발꿈치를 들면 오래 서 있을 수 없고 가랑이를 크게 벌려 걸으면 오래갈 수 없다'는 뜻입니다.

자신의 약점을 인간적인 것으로 받아들이지 못하고 존재 자체의 위협으로 느끼는 사람들은 어떻게든 자신의 약점을 감추려는 데 안간힘을 쓰다가 무너져 내릴 때가 많기 때문입니다. 사실 다른 사람들은 그 사람의 약점에 그다지 관심이 없고 설사 상대방의 결점이 드러난다 하더라도 그것을 인간적인 것으로 느끼는데도 말입니다.

자신의 능력이나 실체를 부풀리기 위해 발꿈치를 드는 것은 힘든 일입니다. 뱃살이 적어 보이려고 숨을 참고 있는 것과 다르지 않습니다. 마찬가지로 보폭을 크게 벌려 걷는 것은 잠시 빨리 걷는 것처럼 보일지라도 금방 지치기 쉽습니다. 자신의 능력과 속도에 맞게 가는 것이 가장 바람직합니다.

끈기의 원천은 불굴의 의지라기보다, 허세와 흉내 내기에서 벗어나 자기 고유의 자연스러움을 되찾아 나가는 것입니다. 자기 방식을 찾아가고 자기 템포로 나아가는 것이 끈기의 지혜입니다. 지금 운동하기에 적당한 정도가 10킬로그램 무게의 아령 들기라면 그것부터 시작하고, 5킬로미터를 달리는 것이 적당하면 그 정도에서 시작하면 됩니다.

우리가 쉽게 무너지는 이유는 자신의 현재 능력과 상태를 무시하고 더 잘하는 것처럼 보이려고 헛힘을 쓰기 때문입니다. 남을 의식하지 않고 자신의 처지와 상황에 맞게 한걸음 한걸음 앞으로 나아갈 때 시간은 우리 편이 되어 줍니다.

더 이상 버티기 힘들거나 계속 할 수 없을 때에는 자기 발을 살펴보세요. 까치발로 서 있거나 황새걸음을 걷고 있는 자신이 보일지 모르니까요.

68

원하는 것을 마음의 중심에 흐르게 하라

환경적·유전적으로 우리의 성격이나 정서가 형성되는 데 부모만큼 큰 영향을 미치는 사람은 없습니다. 그렇기에 어떤 사람들은 부모의 좋지 않은 모습까지도 그대로 따라하는 경우가 많습니다. 그만큼 부모와 밀착되어 있고 심리적으로 동일시되어 있다고 볼 수 있습니다.

그에 비해 부모처럼 되지 않으려고 필사적으로 노력하는 사람들도 있습니다. 이들은 부모와 독립되어 있어서 전혀 다른 사람들처럼 행동하듯 보이지만 사실 부모를 따라하는 사람들만큼이나 심리적으로 밀착되었다고 볼 수 있습니다. 이들 역시 부모와 다르게 행동하느라 정작 진정한 '자기 자신'이 되는 일은 외면하고 있기 때문입니다.

정치철학자 이사야 벌린은 자유를 두 가지로 나눕니다. 먼저 '벗어나는 자유freedom from'로서 이는 다른 사람의 지시와 제약에서 벗어나는 자유입니다. 이에 비해 '지향하는 자유freedom to'는 자신을 통제하여 의미 있는 삶을 만드는 자유를 의미합니다. 어찌 보면 벗어나는 자유는 '작은 자유'라고 할 수 있고, 지향하는 자유는 '큰 자유'라고 할 수 있습니다.

이 두 종류의 자유는 종종 함께 갑니다. 하지만 '벗어나는' 자유에 너무 매여 있으면 '지향하는 자유'가 줄어들기 쉽습니다. '작은 자유'를 얻기 위해 싸우다 보니 '큰 자유'에 미처 마음을 쏟지 못하는 것입니다. 즉, 벗어나고자 하는 자유만을 추구하다 보면 원하는 삶을 살아가는 것이 아니라 문제와 싸우는 삶이 되기 쉽다는 의미입니다.

고통을 덜려고 하고, 게으름과 싸우려고 하고, 중독을 끊으려고 하고, 비만에서 벗어나려고 애쓰다 보니 삶은 열정과 의미 대신 투쟁으로 채워질 수밖에 없습니다. 그리고 그 힘겨룸에서 좀처럼 벗어날 수 없게 됩니다.

그러므로 무언가에서 제대로 벗어나고 싶거나 원하는 삶을 살고 싶다면 '벗어나는 자유'가 아니라 '지향하는 자유'를 꿈꾸어야 합니다. 고통이 아닌 의미를, 게으름이 아닌 충실함을, 중독이 아닌 몰입을, 비만이 아닌 건강을 꿈꾸어야 합니다.

즉, 원하지 않는 마음을 밖으로 밀어내려고 힘쓰지 말고 원하는 것을 지속적으로 마음의 중심에 흐르게 해서, 원하지 않는 마음이 자연스럽게 밀려나게 해야 합니다. 당신은 어떤 자유를 추구합니까?

69

왜 좀더 어려운 일을 하지 않는가

두발자전거를 처음 타던 날의 기억이 나나요? 잘 탈 수 있도록 누군가 잡아주었을 텐데 그것은 잘 기억이 나지 않습니다. 대신 자전거 타는 기술을 연마했던 장면들은 생생하게 기억이 납니다.

다리도 닿지 않는 커다란 운반용 자전거, 일명 짐발이 자전거를 옆으로 매달려 타던 날, 두 손을 핸들에서 떼고 운동장을 달리던 날, 안장 위에 한발을 올리고 다른 한발은 뒤로 쭉 뻗어서 자전거를 타던 날 등 나름대로 어려운 도전을 했던 기억들이 선명합니다. 그렇게 묘기를 부리다가 차에 부딪혀 아직도 흉터가 남아 있습니다. 그런데도 왜 그렇게 계속 어려운 방법으로 자전거를 탔을까요?

어린 시절을 한번 떠올려보세요. 즐거움을 얻기 위해 기꺼이 어려움

을 선택했던 기억들이 있을 것입니다. 아이들은 결코 안전한 놀이에만 매달리지 않습니다. 우리는 분명 좀더 복잡한 것, 좀더 어려운 것, 좀더 새로운 것을 원했습니다.

누가 시키지도 않았는데 괜히 장애물을 만들어서 이를 넘는 기쁨을 맛보았습니다. 걸어도 되는 길을 깡충깡충 뛰고, 익숙한 길을 두고 낯선 길을 걷고, 놀이에 복잡한 규칙을 넣고, 결과보다는 과정에 관심을 가지고 살았습니다.

어른들 중에는 편안함과 게으름을 추구하는 것이 본성이라고 이야기하는 사람들이 있습니다. 하지만 나는 아이들을 보면 그 말을 믿을 수 없습니다. 백번을 양보해서 그렇다고 하더라도 그것은 절반의 사실일 뿐입니다. 고등한 생명체일수록 편안함만큼이나 어려움을 즐기는 모습을 볼 수 있으며, 어려움 대신 편안함만을 추구하는 생명은 도태될 수밖에 없는 것이 자연의 진리이기 때문입니다.

고든 올포트는 성격을 연구한 심리학자입니다. 특이하게도 그는 환자가 아닌 일반인을 대상으로 연구를 했는데, 신경증 환자와 달리 '성숙하고 건강한' 사람들은 어린 시절의 경험에 의해 움직이는 것이 아니라 이성적이고 의식적인 차원에서 행동한다고 보았습니다. 그가 보기에 건강한 사람들은 새로운 감동과 도전을 위해 긴장을 누그러뜨리는 경험보다는 오히려 '더 많은 긴장'을 선택하는 이들이었습니다.

우리는 흔히 건강을 질병이나 증상이 없는 상태로 알고 있습니다. 하지만 불행하지 않은 것이 꼭 행복을 의미하지 않는 것처럼 진정한 건강은 아프지 않은 상태라기보다 활력이 있는 삶입니다.

여러분은 오랫동안 자신의 능력보다 더 쉬운 일을 하고 있었던 것은 아닌가요? 삶의 권태를 느끼면서도 여전히 편안함에 길들여져 살아가는 것은 아닌가요? 너무 익숙한 일에 젖어 있다면 앞으로는 좀더 어려운 일에 도전하는 것은 어떨까요?

70

도전, 두려움에도 불구하고 하는 것

직장 동료를 짝사랑하는 남성이 있습니다. 시간이 지날수록 그 여성을 사랑하는 마음이 커졌지만 상대방이 자신을 어떻게 생각할지를 몰라서 그는 마음을 비치지 못하고 있습니다. 거절이라도 당할까 봐 두렵기 때문입니다. 누구에게나 이런 경험이 한 번쯤 있을 겁니다. 이럴 때에는 어떻게 하는 것이 좋을까요?

사실 정답이 어디 있겠습니까! 다만 상대가 자신의 마음을 거절한다고 하더라도 원하는 사랑을 얻기 위해 마음을 표현하는 것이 가치 있는 일이고, 후회를 덜 할 수 있다면 힘들더라도 고백해 보는 것이지요.

많은 사람들이 변화와 도전에 대해 두려움을 느낍니다. 새로운 상황에 놓이면 자신이 과연 잘할 수 있을지 자신할 수 없고 혹시 실패하거나 적응하지 못하면 어떨지 두려워합니다. 그렇기에 많은 사람들이 좀 더 실력이나 준비 태세를 갖춘 다음에 도전하겠다며 자꾸 그 시기를 늦추게 됩니다.

그러나 이들의 상당수는 결국 변화와 도전에 직면하지 못합니다. 새로운 불확실성과 위험은 계속 생겨나기 때문에 실패에 대한 두려움을 근본적으로 없앨 수 있는 준비란 현실적으로 가능하지 않으니까요.

그렇기에 누군가 두려움 없이 도전했다고 한다면 그것은 도전이라고 이름 붙일 수 없습니다. 도전이란 두려움이 없어서가 아니라 두렵지만 자신이 원하고 가치 있는 것을 위해 두려움에 맞서는 것을 말하는 것이기 때문입니다.

개라지 테크놀로지 벤처스Garage Technologies Ventures의 대표이자 '신생기업을 위한 훈련 프로그램'을 운영하는 가이 가와사키는 창업하려는 많은 사람들에게 가장 중요한 준비물이 무엇인지를 묻습니다.

그는 창업에서 가장 중요한 항목은 자본이나 기술 혹은 인재가 아니라고 말합니다. 가와사키는 언제나 "가장 먼저 의미를 만들라"고 이야기합니다. 위험을 무릅쓰고 하는 창업이 그저 돈이나 성공 이상의 의미를 가지지 않는다면 위험하다는 것입니다.

즉, 자신의 일에 깊은 의미를 가진 창업가는 설사 실패를 했다고 하더라도 의미 있는 일에 도전했다는 긍지로 다시 도전할 수 있지만, 단순히 돈을 벌려고 창업을 한 사람들은 실패하면 모든 것을 잃었다고 절망하기 때문입니다.

많은 사람들이 묻습니다. 실패에 대한 두려움 때문에 선뜻 도전하기 어려운데 어떻게 하면 좋겠냐고요. 그 질문을 들으면 나는 이렇게 되묻습니다.

"설사 실패한다고 하더라도 지금 도전하는 그 일이 도전 그 자체만으로도 당신에게 만족감을 주거나 의미 있는 일인가요? 그렇다면 시작하세요."

도전하는 것 자체만으로도 가치 있는 일을 할 때 비로소 우리는 도전의 두려움을 넘어설 수 있기 때문입니다.

71

선택은 삶에 생기를 준다

미국 코네티컷 주의 한 요양원에서 새로운 생활 지침이 실행되었습니다. 1층 노인들에게는 영화관람이나 정원 돌보는 일 등 여러 가지 일을 스스로 하게끔 하고, 반대로 2층의 노인들에게는 모든 것을 직원들이 해주겠다고 했습니다.

1층 노인들은 바빠졌고 2층 노인들은 1층 노인들이 가꾼 정원을 감상하며 한가롭게 지내게 되었습니다. 18개월 뒤, 어떻게 되었을까요?

1층 노인의 93퍼센트는 건강이 좋아졌지만 2층 노인 중 71퍼센트는 예전보다 더 허약해졌습니다. 사망률도 2층 노인들이 1층에 비해 2배가 높았습니다. 이 실험을 주도한 예일대학교의 주디스 로딘 교수는 이렇게 이야기합니다.

"아무리 허약한 노인이라도 스스로 결정하고 선택할 기회를 주세요. 그래야 건강하고 행복하게 오래 살 수 있으니까요."

스스로 선택하고 결정하려는 자율적인 욕구는 인간의 생리적 욕구만큼이나 중요하므로 이를 제대로 충족하지 못하면 병이 들 수밖에 없습니다. 그렇기에 연세가 많은 노인이라도 가만히 있게 하기보다는 스스로 할 수 있는 무언가를 찾게 도와드리는 것이 건강하게 오래 사는 비결이 됩니다.

스스로 선택하는 일은 어른뿐만이 아니라 아이들에게도 중요합니다. 테레사 애머빌 교수는 한 유치원 아동을 대상으로 창의성 실험을 했습니다. 아이들이 재료를 마음대로 고르는 집단과 실험자가 지정한 재료를 사용하는 집단으로 나누어 콜라주를 만들게 했더니, 재료를 스스로 고른 아이들이 더 창의적이고 성의 있는 작품을 만들었습니다.

이처럼 인간은 나이에 상관없이 스스로 선택할 수 있을 때에 책임감을 가지고 더 깊이 생각하고 더 열심히 노력하는 법입니다.

선택은 삶에 생기를 부여해 줍니다. 이는 동물들도 다르지 않습니다. 자연의 동물들은 자해를 하지 않지만 동물원에 갇힌 동물들은 자해를 합니다. 벽에 머리를 부딪치기도 하고 끊임없이 원을 그리며 우리를 도는 이상 행동을 반복합니다.

특급호텔 같은 잠자리와 호화로운 음식이 주어져도 우리에 갇혀 스스로 선택할 수 없는 상황이라면 배고픈 야생서식지에 비할 바가 못 되는 것이지요.

자꾸 생기를 잃어가고 삶이 답답하게 느껴지나요? 그렇다면 작은 일이라도 능동적으로 선택해 보세요. 점심 식사의 메뉴를 정하는 일부터 오래 연락을 하지 못했던 친구에게 전화하는 것 등 매일 스스로 선택해 보세요. 자발적인 선택과 결정은 당신에게 숨 쉴 틈과 살아갈 힘을 부여할 테니까요.

"누구든지 자신의 처지를 선택하지는 못할지언정 그 처지에 대한 반응은 선택할 수 있다. 다시 말해 부모나 가정환경은 고를 수 없다고 하더라도 나는 그 이상이 되겠다고 선택할 수는 있다는 말이다. 선택을 포기하는 것이야말로 죽어가는 것이다." 칼리 피오리나

72

인생의 돛과 닻

상담을 하면 늘 양극단의 사람들을 마주하게 됩니다. 자기주장을 너무 못해서 상담실에 오기도 하지만 자기주장이나 고집이 너무 강해서 오는 사람들도 있게 마련입니다. 마음 같아서는 두 사람을 절반씩 섞으면 딱 좋겠다는 생각이 들 때가 있습니다.

인생을 살아가는 방식만 해도 그렇습니다. 부평초처럼 일생을 뿌리 내리지 못한 채 살아가는 사람들이 있는 반면에, 정반대로 한 곳에 너무 깊이 뿌리를 박고 더 이상 움직이지 않는 사람들이 있습니다. 전자는 '닻 없는 사람'들이며 후자는 '돛 없는 사람'입니다.

닻이 없는 사람들은 기질과 환경에 의해 자극 추구Novelty Seeking 성향이 너무 발달한 사람들입니다. 이들은 정착과 안정을 구속이라 느끼고는 새로운 변화와 일탈을 추구합니다. 그에 비해 돛이 없는 사람은 위험 회피 Harm Avoidance 성향이 너무 강해서 변화를 위협이라 느끼며 안정과 반복을 추구합니다.

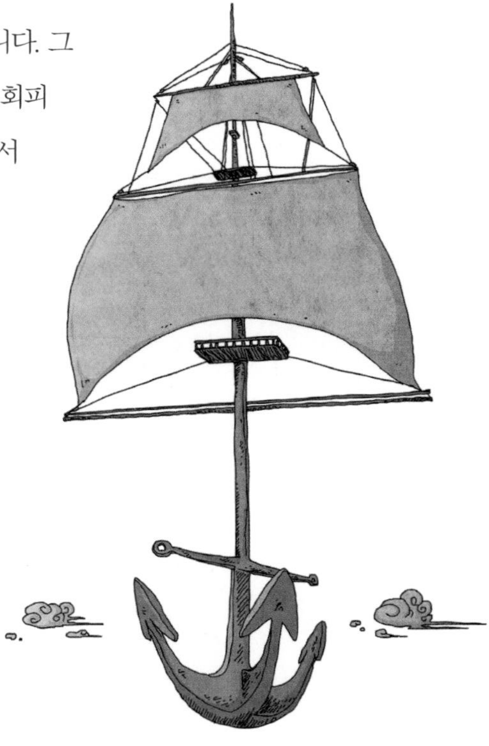

옛날에는 자극 추구 성향이 강한 사람들이 주로 문제가 되었습니다. 하지만 지금은 위험 회피 성향이 강한 사람들 역시 인생의 위기를 만나기 쉽습니다. 삶이 길어지고 변화의 속도가 너무 빠른 시대가 되었기 때문입니다.

이제 우리는 길어진 인생을 맞아 하나가 아니라 여러 가지의 일을 해야 하며, 여러 개의 삶을 살아가야 합니다. 정착의 역사에서 다시 이주의 역사로 바뀐 셈입니다. 다시 말해 안정과 변화의 사이클이 반복되는 '역동성'이야말로 현대사회의 본질이며 이에 얼마나 적응할 수 있느냐가 정신 건강의 중요한 기준이 된 셈입니다.

우리는 흔히 사람을 배에, 인생을 항해에 비유합니다. 그런데 사람들이 배를 만든 목적은 무엇일까요? 항해일까요? 맞습니다. 그러나 그것은 절반의 진실입니다. 우리가 항해를 하는 이유는 항해 그 자체의 의미보다는 새로운 곳에 가고 싶기 때문입니다. 그러므로 새로운 곳으로 가고 그곳에서 정박하는 것 모두 배를 만든 중요한 이유라 할 수 있습니다.

인생에서도 항해와 정박이 모두 중요하기에 인생의 돛과 닻이 모두 필요합니다. 그렇다면 당신은 어떤 사람일까요? 그동안 너무 항해만을 하고 있었다면 이제 정박할 때이고, 반대로 너무 정박만 하고 있었다면 이제는 다시 항해에 나설 때입니다. 그것이 인생의 본질이니까요.

73

적당한 스트레스는 약

평균 수명이 길어지고 있지만 사람들마다 수명의 차이는 꽤 큽니다. 과학자들에 의하면 같은 종이라도 생활 습관과 환경에 따라 수명이 달라진다고 합니다. 벌의 경우만 보더라도 유전적으로 동일한 개체임에도 여름을 나는 일벌은 6주가량 살지만 겨울을 나는 일벌은 9개월까지 산다고 합니다.

일반적으로는 같은 종이라도 소식하고 적당한 스트레스를 받고, 도전을 하고, 상대적으로 체온이 낮은 상태에 있을 때 더 오래 삽니다. 이는 유전자원은 같더라도 생명체에 내재된 수명연장 프로그램이 상황과 자극에 따라 작동될 수도 있고 아닐 수도 있음을 의미합니다. 즉, 생명체가 지니고 있는 생명 시계는 고정된 것이 아니라 환경과 자극에 따라

노화가 늦추어지기도, 빨라지기도 한다는 것을 알 수 있습니다.

미국의 신경심리학자인 퍼트리샤 보일 교수는 평균 나이 일흔여덟 살의 노인 1,238명에게 삶의 목표를 묻고 이에 따라 '목적 점수'를 수치화했습니다.

그 결과 같은 기간 동안 목적 점수가 높은 노인들은 낮은 노인에 비해 사망률이 절반 정도인 것을 확인할 수 있었습니다. 삶의 목표가 신체 기능을 더 좋게 하고 스트레스 호르몬 분비를 억제해서 더 오래 살 수 있도록 영향을 끼친 것입니다.

암이나 중증 질환을 앓는 사람들의 경과도 정해진 것은 없습니다. 평균적인 생존율은 있지만 같은 종류의 위암 3기라고 해도 사람마다 예후는 너무 다를 수 있습니다.

물론 수많은 요소가 영향을 미치겠지만 그중의 하나는 목표 의식입니다. 암 생존자들에게 깊은 관심을 가지고 있는 방사선과 전문의 칼 사이먼튼에 의하면 암 치료에 탁월한 반응을 보인 사람들의 공통점 중 하나는

'살아야 할 강력한 이유'가 있다는 것이었습니다.

무언가 중요한 일이나 목표가 있을 때에는 아프지 않다가 정작 그 일이나 목표가 끝났을 때 쉽게 아픈 것을 보면 목표 의식이 우리의 면역력을 강화시키는 데 큰 영향을 미치고 있음을 미루어 짐작할 수 있습니다.

따라서 생명연장 프로그램을 활성화시키는 여러 가지 요소 중에서 그 중 가장 기본이 되는 것은 도전 정신과 목표 의식입니다. 당신이 오래 살고 싶다면 가장 먼저 할 일은 '오래 살아야 할 뚜렷한 이유'를 갖는 것이 아닐까요?

74

제자리로 돌아올 수만 있다면 괜찮다

2004년 아테네올림픽 금메달리스트 중에 정지현이라는 레슬링 선수가 있습니다. 그는 올림픽 대회일이 다가오자 점점 심한 불안에 시달렸습니다. '지면 안 되는데……'라는 불안이 마음속에 가득 찬 것입니다.

정지현 선수는 불안을 어떻게 극복했을까요? 그는 실수를 하지 않아야 한다고 생각하기보다 오히려 실수를 했을 때 어떻게 빨리 수습하고 다시 경기에 임할지 수도 없이 시뮬레이션했습니다. 그리고 그는 이렇게 이야기했습니다.

"실수를 하더라도 다시 나를 통제해서 제자리로 돌아올 방법과 기술을 가지고 있습니다. 신중히 경기에 임해야겠지만 만일의 실수에도 걱정이 없습니다."

누구나 큰 무대에 서게 되면 긴장을 많이 합니다. 당연히 실수를 하면 어쩌나 걱정을 하고, 의식의 초점이 온통 잘못을 하지 않는 것에 맞춰집니다.

그렇다 보면 지나친 의식 과잉으로 인해서 더욱 실수하기 쉽습니다. 더 큰 문제는 실수를 하지 않는 것에 초점을 맞추다 보니 정작 실책을 했을 때의 대응 전략을 전혀 준비하지 않았다는 사실입니다. 결국 많은 선수들은 실수했다는 사실에 크게 사로잡혀 쉽게 무너집니다.

그러나 큰 무대에서 잘못을 하더라도 이를 재빨리 수습하고 남은 경기나 공연에 집중하는 사람들도 있습니다. 웬만큼 배짱 있는 사람들이라도 무대에서 실수를 하면 당황하기 일쑤인데 이들은 어떻게 그 상황을 잘 수습하고 남은 경기에 집중할 수 있을까요? 원래 강심장이라서일까요?

물론 타고난 담대함도 있겠지요. 하지만 이들은 자신이 잘못할 수 있다고 예상하고 실수했을 때 어떻게 대처할지 생생하게 상상하고 준비한 사람들입니다. 그렇기에 실수를 하고 나서도 좀더 침착하게 대처하여 추가적인 실수로 이어지지 않게 합니다.

피겨 스케이팅의 김연아 선수도 이렇게 이야기한 적이 있습니다. "실수를 예상하면 크게 당황하지 않아요. 그런데 생각지도 않게 실수하면 저도 흔들려요."

많은 사람들이 목표나 계획을 세워 도전합니다. 그러나 정작 실수를 했을 때 어떻게 할지에 대한 실제적인 대처 전략을 가지고 있는 경우는 찾아보기 어렵습니다.

예를 들어 금연에 도전하다가 중간에 흡연을 했을 때, 다이어트를 하다가 중간에 지키지 못했을 때 어떻게 할지 전혀 준비가 되어있지 않은 것입니다. 그렇다 보면 실수는 추가적인 실수로, 그리고 결국 포기로 이어지는 경우가 흔히 벌어집니다.

지금 무언가에 도전하는 중인가요? 그렇다면 당신의 마음에는 실수를 했을 때 어떻게 대처할지에 대한 전략이 있나요?

75

큰 종이를 주면 큰 그림을 그린다

아이들이 수년 동안 즐거운 마음으로 다닌 미술학원이 있습니다. 이 학원의 특징은 미술 재료들이 매우 크다는 것입니다. 아이들에게 커다란 종이와 재료들을 주어 큰 작품을 그리거나 만들도록 지도합니다. 아이들은 스케일이 큰 그림이나 작품을 만드는 과정을 통해 대담함과 자신감뿐 아니라 세밀함과 주의집중력까지 함께 배우게 됩니다.

중국 중산대학교 의학부의 유천 교수는 원숭이의 시력을 실험한 적이 있습니다. 신체 조건과 시력이 비슷한 원숭이를 세 그룹으로 나누고 첫 번째 그룹은 야생 동물원에서, 두 번째 그룹은 교실 크기의 실험실에서, 세 번째 그룹은 우리 안에서 실험을 진행했습니다.

시간이 지나자 첫 번째 그룹 원숭이의 시력은 변화가 없었지만 두 번째 그룹의 일부에게는 약간의 근시가 나타났고, 세 번째 조의 원숭이들에게는 심각한 근시가 나타났습니다. 시야가 좁은 곳에서 활동하다 보니 근시 현상이 나타난 것입니다.

요즈음 어린 아이들의 눈이 나빠지는 것도 똑같은 이유입니다. 넓은 운동장과 자연 속에서 뛰어놀아야 할 아이들이 좁은 집과 학원에서 컴퓨터, TV, 책 등을 지나치게 가까이하기 때문입니다. 그러므로 자연과 접하고 드넓은 시야에서 살아가는 아이들은 시력이 좋을 수밖에 없습니다.

'코이'라는 비단잉어가 있습니다. 이 잉어는 자라는 곳에 따라 크기가 다르게 자라납니다. 작은 어항에 넣어 두면 5~8센티미터 밖에 자라지 않지만 커다란 수족관이나 연못에서는 15~25센티미터까지 자라납니다. 그리고 강물에 방류하면 90~120센티미터까지 자란다고 하니 신기합니다.

그렇다면 사람의 성장은 어떨까요? 그 크기가 고정되어 있을까요? 아니면 어떤 꿈을 꾸는지, 어떤 곳에 있는지, 어떤 사람들과 지내는지에 따라 그 크기가 달라질까요? 물론 무한정 커지는 것은 아니지만 그렇다고 지금의 크기가 전부는 아닐 것입니다.

당신은 지금 너무 좁은 세계에서 바로 눈앞의 것만을 바라보며 너무 작은 그림을 그리면서 살아가는 것은 아닐까요? 지금 보이는 모습이 자신의 전부이고, 지금까지의 경험이 세상의 전부라고 생각하면서 성장의 기회를 박탈한 것이 아닐까요?

자신에게 좀더 넓은 세계를 보여주세요. 있는 그대로의 모습을 사랑하는 것도 중요하지만 자신에게 성장의 기회를 제공하는 것도 건강한 자기애의 발로이니까요.

76

비워야
채울 수 있다

새들은 어떻게 날 수 있게 되었을까요? 만일 새가 파충류와 같은 육상 동물에서 진화한 것이 맞다면 그들은 힘이 강한 육식동물은 아니었을 것입니다. 지상의 강자였다면 굳이 하늘을 날려고 노력하지 않았을 테니까요. 아마 그들은 잡아먹히기 쉬운 지상의 약자였을 것입니다.

학자들이 주장하는 가설을 보아도 새들은 무서운 육식동물을 피해 나무 위에서 생활하는 동물이었을 것입니다. 하지만 어떤 이유로 나무 위의 생활도 안전하지 못하게 되자 그들은 각고의 노력을 기울여 날아오르려고 했을 것입니다. 그 비상을 위한 노력 중의 하나는 몸을 가볍게 하는 것이었을 테고요.

동물과 달리 새에게는 방광과 대장이 없습니다. 몸이 가벼워야 하기 때문에 대소변을 저장하고 다니지 않습니다. 필요한 것만 흡수하고 불필요한 것은 바로 버릴 뿐입니다.

그것만이 아닙니다. 새들은 계속 뇌를 줄이고 뼈를 비워냄으로써 더 높이 날아올랐고 결국 하늘을 그들의 세상으로 만들었습니다. 스스로 많은 것을 버릴 수 있었기에 새들은 나는 자유를 얻은 셈입니다.

많은 사람들이 행복과 성공을 바랍니다. 원하는 삶으로 날아오르기를 원하지요. 하지만 사람들은 무엇을 강화하고 추가할지를 생각할 뿐 무엇을 비우고 버려야 할지는 깊이 생각하지 않습니다. 그래서 도움이 되든 되지 않든 많은 지식과 정보를 쌓아두려고 하고, 계속 가지를 뻗어갑니다.

지금 하는 것을 다 하면서 새로운 것을 또 더하고자 하니 짐을 많이 실은 배처럼 삶은 앞으로 나아갈 수 없습니다. 날개보다 육중한 몸을 이끌고 그저 하늘을 바라보는 타조와 다를 바가 없는 셈입니다.

그런데 정말 더 심각한 문제는 자꾸만 무언가를 채워서 직면한 문제를 해결하려다 보니 더 깊이 가라앉게 된다는 사실입니다. 비우지 않으면 채울 수 없고, 줄이지 않으면 늘어날 수 없는데도 말입니다.

당신도 새처럼 날아오르기를 바라시나요? 그렇다면 당신은 무엇을 비워내야 할까요?

77

온전히 살아 있다고 느끼는 순간 속으로

1970년, 산악인 라인홀트 메스너는 히말라야 주봉 가운데 하나인 낭가파르바트 등정길에서 사랑하는 동생을 잃어버립니다. 게다가 시신조차 찾지 못한 채 처참한 심정으로 혼자 하산을 하게 되었습니다.

그 이후로도 그는 산 때문에 동료의 죽음, 발가락 절단, 아내와의 이혼 등 많은 것을 잃는 고통을 경험 했습니다.

그럼에도 불구하고 그는 산을 떠나지 않았습니다. 오히려 힘들수록 산에 올랐습니다. 그리고 1978년에는 낭가파르바트에 무산소 단독 등반에 나섰습니다. 무모해 보이는 그의 도전에 많은 사람들이 왜 그렇게 산에 오르냐고 물었습니다. "내가 산에 오를 수 없게 될 때, 그때는 이미 내가 아닙니다." 그의 대답이었습니다.

그가 산에 오르는 이유는 고통을 즐기거나 고독해지기 위해서가 아니라 스스로의 힘으로 산에 오를 때 자신이 온전히 살아 있다고 느끼기 때문입니다. 산소기의 도움도 없이 최소한의 등반 도구만으로 정상에 한발 한발 올라설 때 그는 깊은 안식을 만나온 것입니다. 그래서 그

는 절대고독 속에서 맛본 그 평안한 안식과 생의 희열을 불안에 가득 찬 어둠의 고독과 구분하여 '흰 고독'이라고 불렀습니다.

상담을 전담으로 하는 병원을 운영하다 보니 사람들은 매일 일이 힘들지 않느냐고 묻습니다. 물론 그럴 때가 있습니다. 그러나 상담을 통해 내담자들이 점점 치유되고 성장하는 모습을 보면 그 순간 무엇과도 바꿀 수 없을 만큼 기쁨과 보람을 느낍니다. 나의 삶 중에서 내 자신이 온전히 살아 있다고 느끼는 때입니다.

당신은 언제 살아 있다고 느꼈나요? 특히 무엇을 할 때 진정 살아 있다고 느끼나요? 물론 바로 답하기 어려울 수 있습니다. 하지만 당신의 삶을 반추하며 계속 떠올려보세요. 노래할 때, 공을 찰 때, 산에 오를 때, 이야기를 할 때, 글을 쓸 때, 어려운 사람을 도울 때 등 어느 때이건

자신이 살아 있다고 느꼈던 순간들을 찾을 수 있을 것입니다.

찾았다면 살아 있다고 느꼈던 그 순간을 더 깊이 들여다보세요. 그 안에 당신의 행복과 원하는 일, 삶의 문제를 풀 수 있는 핵심 열쇠가 들어 있으니까요. 그 안에 당신이 가장 빛날 수 있는 곳으로 이끌어줄 나침반이 있을 테니까요.

메스너에 비할 바는 아니지만 우리에게도 각자 올라가야 할 인생의 산이 있습니다. 그 산에 올라가야만 살아 있다는 느낌을 받을 수 있겠지요.

78

인생은 언제나 내 편이다

2004년부터 글을 쓰고 싶다는 마음이 생겼습니다. 당시에 한 제약회사에서 주최하는 수필문학상이 눈에 띄었습니다. 진료를 하면서 겪은 애환을 수필로 써서 보내면 되는데, 상금 액수도 크고 수상인원도 많아 은근히 기대를 했습니다. 정성스럽게 쓴 원고를 보내고 나서는 이미 입상이라도 한 듯한 기분으로 발표를 기다렸습니다.

그러나 첫해에도 두 번째 해에도 당선되지 않았습니다. 그래도 삼세 번이라는 말을 생각하면서 3년 연속 응모했지만 작은 상 하나 타지 못했습니다. 두 번까지는 괜찮았는데 세 번째도 떨어지고 나니까 내게 이렇게 글재주가 없구나 싶어 다시는 글을 쓰지 못할 것 같았습니다.

하지만 시간이 지나면서 곰곰이 생각해 보니 글 자체를 못 쓴다기보다는 수필 형식이 나와 맞지 않는 것 아닌가 하는 생각이 들었습니다. 그래서 문학적인 글보다 분석적인 내용으로 책을 쓰는 것이 나에게 더 맞지 않을까 싶었습니다. 그러자 책을 쓴다면 누구도 쓸 수 없는 오직 나만의 책이 될 거라는 믿음이 생겨났습니다.

그러한 믿음이 있었기에 첫 책을 쓸 수 있었고 지금까지도 꾸준히 글을 쓰고 있습니다.

상담을 하다 보면 뜻대로 되지 않아 깊은 좌절감에 빠진 사람들을 많이 만날 수 있습니다. 간절히 원하면 자신이 바라는 대로 이루어진다고 굳게 믿었던 사람들이 뜻대로 되지 않았을 때 실망감과 좌절감을 훨씬 크게 느낍니다.

그러나 불확실함이 없는 믿음이란 맹신에 가까우며 이는 현실을 있는 그대로 바라보지 못하게 하여 삶을 위태롭게 합니다. 건강한 믿음이란 자신이 계획한 대로 반드시 이루어질 것이라고 믿고 흔들림 없이 나아가는 것이라기보다, 때로는 혼돈과 불확실함 때문에 흔들리고 멈춰 서지만 결국 그 길의 끝에 자신이 원하는 삶이 있을 거라는 믿음으로 한 걸음씩 내딛는 마음에 가깝습니다.

예전에는 꼬이는 일도 많았고 뜻대로 되지 않는 일들로 인해서 인생이 참 불친절하다는 느낌이 들었습니다. 인생이 내 편이 아니라고 느끼며 살아왔습니다.

그러다가 마흔이 되면서 인생에 대한 새로운 믿음이 생겨나기 시작했습니다. 무엇이 이루어지려면 때가 있고 지금까지 겪은 모든 경험과 방황들이 결국 내가 가야할 곳으로 나를 안내하는 이정표였다는 사실을 깨달았습니다. 내가 원하는 방향으로 인생을 끌고 간다기보다 인생이 나를 필요한 곳으로 이끌어준다는 믿음이 생겼습니다.

그리고 내가 인생에 선의를 가지고 대하면 인생 역시 나를 선의로 대한다는 것을 믿게 되었습니다. 그래서 뜻대로 되지 않거나 누군가와의 관계가 삐걱거리게 되면 이렇게 생각합니다. '좋은 일이든 좋지 않은 일이든, 뜻대로 되는 일이든 아니든, 좋은 사람이든 좋지 않은 사람이든 살면서 겪게 되는 모든 경험과 만나는 모든 사람들은 궁극적으로 나를 더 성숙하게 만들고 마땅히 가야할 곳으로 나를 이끌어줄 것이다.'

그 믿음이 생기면서 성난 파도처럼 일렁거리던 심연의 불안도 잠잠해졌고 인생을 끌고 가려고 버둥버둥거렸던 초조함도 많이 내려놓게 되었습니다.

나는 기본적으로 믿습니다. 나의 물음과 두드림에 꼭 응답이 있으리라는 것을. 내가 고이지 않고 계속 흐른다면 결국 나는 바다에 가 닿으리라는 것을. 그리고 당신도 고이지 않고 계속 흐른다면 바다에 가 닿으리라는 것을. 우리는 그곳에서 만나 섞이게 되리라는 것을. 나는 믿습니다.

변화와 도전 속에 균형 잡기

삶의 건강함을 가르는 잣대는 재도전 여부입니다. 건강한 사람은 자신의 수준에 맞는 도전 과제를 찾아 나설 줄 압니다. 그리고 잘 안 된다고 해서 바로 포기하지 않고 결점을 보완해서 다시 시도합니다. 우리에게는 단 한 번도 넘어지지 않으려는 완벽함이나 무모함이 아니라 넘어지더라도 다시 일어나서 나아갈 수 있는 마음가짐이 필요합니다.

첫째, 실패를 예상하라

사람들이 어떤 일을 시도할 때 실패를 예상하지 않는 경우가 많습니다. 자신의 생각이나 계획처럼 이루어질 것이라 착각하는 것입니다. 그렇기에 당연히 실패에 대한 준비와 대책이 부족하게 마련입니다.
그러나 모든 학습은 시행착오를 통해 이루어집니다. 그러므로 무언가를 할 때 뜻대로 되지 않을 수 있음을 미리 예상하고 그럴 때에는 어떻게 생각하고 행동할지 미리 마음의 준비를 갖추어 시작해야 합니다.

둘째, 실패의 원인을 '내'가 아닌 '방법'에 두라

일이 뜻대로 되지 않을 때의 원인을 크게 능력, 노력, 방법, 외부적 요인으로 나누어 볼 수 있습니다. 그런데 그 원인을 능력과 외부적 요인에 두어 '내 능력이 없어서' '주어진 환경이 불공평해서'라고 생각하면 발전적인 재도전이 어렵습니다. 실패의 원인을 노력과 방법에서 찾는 연습을 통해 더 열심히 하려고 하고, 이전과는 다른 방식으로 시도하려는 마음가짐이 중요합니다.

셋째, 적어도 세 번은 도전하라

무언가를 시작할 때 '삼세번 정신'이 필요합니다. 어떤 일이든 한 번에 되는 일은 없기 때문입니다. 다만 삼세번 정신의 핵심은 '세 번 중에 한 번은 되겠지'라는 요행의 의미가 아닙니다. 이미 앞선 두 번의 경험을 통해서 세 번째에는 보다 발전적으로 시도하라는 것을 의미합니다.

넷째, 유연한 정체성을 지녀라

변화는 필수이고 누구에게나 도전 정신이 필요한 시대, 우리는 복수의 삶(lives)을 준비해야 합니다. 그러기 위해서는 유동적인 정체성이 필요합니다. 이제 '나는 누구인가?'라는 단수형 질문 대신에 '나는 또 누구인가?'라고 스스로에게 물어야 합니다. 복수의 삶을 살기 위해서는 복수의 정체성이 반드시 필요합니다.

다섯 번째 세션

관계 속에서 성장하기

그래도 함께 가라

79

인간은 관계 안에 머무르는 존재

서른여섯 살의 직장인 K씨가 병원을 찾았습니다. 그녀는 3개월 전부터 우울감이 심해지고 아무곳에서나 눈물을 쏟을 만큼 감정조절에 어려움을 느꼈습니다. 늘 밝고 자신감 넘쳤던 그녀의 이러한 모습은 스스로에게나 주위 사람들에게나 모두 뜻밖이었습니다.

우리는 우선 3개월 전에 무슨 일이 있었는지 찾아보았습니다. 처음에 그녀는 특별한 일을 떠올리지 못했습니다. 그런데 그 다음 시간에 그녀는 10여 년을 가깝게 알고 지내온 남자친구와 헤어진 일이 있다고 이야기했습니다.

그러나 그와 헤어진 일과 지금 우울함은 아무런 상관이 없다고 했습니다. 남자로서 매력도 느끼지 못했고 그 친구가 일방적으로 자신을 좋아했기에 헤어졌다고 해서 상처받을 이유가 없다는 것이었습니다.

흥미로운 점은 그녀는 지금까지 연애를 하면서 상처받은 일이 없었다고 합니다. 헤어지면 언제 그런 일이 있었냐는 듯이 또다른 남자를 만나곤 했으니까요. 연애를 한다고 했지만 사실 상대에게 의지하거나 마음을 주지 않았던 것입니다.

부모님의 이혼으로 어린 시절부터 친척집을 전전했던 그녀에게 기본적으로 사람은 신뢰할 수 없고, 의지할 대상도 아니었습니다. 그녀는 세상은 오직 혼자 힘으로 사는 것이라고 믿고 살아왔습니다. 그렇기에 그녀는 누군가에게 의지하는 사람들을 싫어했습니다. 심지어는 신앙에 의지하는 사람들까지도요. 일종의 '의존혐오증'을 지니고 있었던 것입니다.

우리 속담에 '미운 놈 떡 하나 더 준다'는 말이 있습니다. 왜 미운데 떡을 주는 것일까요? 여러 가지 설명이 가능하겠지만 정신의학에서는 이러한 심리적 기제를 '반동형성reaction formation'이라고 합니다.

이 말은 금기시되는 대상 또는 어떤 것을 좋아하지 않는 마음이 드러나지 않도록 마음을 정반대로 표현하거나 행동하는 것을 의미합니다. 즉, 아이가 미운데 오히려 맛있는 떡을 줌으로써 미운 마음을 감추는 것입니다.

그러한 의미에서 보면 지나친 친절함은 내면의 공격성에 대한 반동형성일 수 있고, 지나치게 남성적인 모습은 내면의 여성성에 대한 반동형성일 수 있습니다.

주위를 보면 K씨처럼 지나치게 독립적인 사람들이 있습니다. 힘든 문제가 있어도 혼자 해결하려고 하고, 도움이 필요한 일이 있어도 부탁을 하지 않습니다.

하지만 이러한 지나친 독립성은 사실 자신의 의존성에 대한 반동형성이기 쉽습니다. 누구에게 의지하고 보호받고 싶은 마음이 크지만 과거에 거절을 당한 경험이 있었거나 혹은 의지할 대상이 없었기에 진짜 속마음을 감추고 강해져야 한다고 다그쳐왔기 때문입니다.

스스로 결정하고 행동하지 못하는 '과잉의존'도 병이지만 반대로 모든 것을 혼자 해결하려 하고 의존 자체를 기피하는 '의존혐오'도 병이라 할 수 있습니다. 사람은 두 획으로 된 '인人'이라는 한자처럼 한쪽만 있으면 쓸모가 없는 날개나 신발과 같습니다.

과학에서는 물질을 이루는 최소 단위를 분자라고 말합니다. 물론 분자를 더 쪼개어 원자로 만들 수는 있습니다. 하지만 그 순간 물질은 자신의 성질을 잃고 맙니다. 물 분자를 쪼개면 물 원자가 되는 것이 아니라 수소와 산소 원자로 나뉘어집니다.

사회를 이루는 최소 단위는 개인이 아니라 관계입니다. 물론 관계를 쪼개면 개인이 되지만 그 순간 사회의 성질은 사라지고 맙니다. 그러므로 인간은 관계 안에 머무르는 존재임을 알고 누군가와 서로 의지하고 힘들 때 도움을 구할 수 있는 사람이 정말 건강한 사람이라 할 수 있습니다.

당신은 누군가와 서로 의지하고 있나요?

80

부탁이 필요해

큰 비로 인해 깊은 산골에 사는 한 소년의 집에 나무가 쓰러져 길이 막혔습니다. 소년은 나무를 치워보려고 기를 썼지만 끄떡도 하지 않았습니다. 쩔쩔매고 있는 그의 앞에 아버지가 나타나 물어봅니다.

"얘야, 네가 할 수 있는 일은 모두 해보았니?"

"예, 아빠. 제가 할 수 있는 일은 다 했는데도 전혀 움직이지 않아요."

그러자 아버지가 다시 묻습니다.

"아니다, 네가 아직도 하지 않은 일이 한 가지 있단다. 그게 무엇인지 알겠니?"

"잘 모르겠는데요."

아버지가 대답합니다.

“너는 이 아빠에게 도와달라는 말을 하지 않았어.”

방학 때가 되면 유학생활에 적응하지 못하는 학생들을 많이 만나게 됩니다. 한국에서는 나름 공부도 잘하고 인간관계도 괜찮았지만 낯선 곳에 가다보니 겪는 어려움이 한두 가지가 아니었을 것입니다.

그런데 유학생활에 적응하지 못하는 학생들의 공통점은 부탁이나 요청을 하지 못한다는 점입니다. 마음속으로는 누군가 자신에게 다가와 가르쳐주기를 바라는데 먼저 물어보거나 필요한 것을 부탁하는 일에 익숙하지 않다 보니, 가만히 기다리기만 했던 것입니다. 하지만 스스로 요구하지 않는데 누가 먼저 다가와서 도움을 주겠습니까?

사람들은 실행력을 혼자 계획하고 실천할 수 있는 능력이라고 생각합니다. 하지만 실행력에서 빠뜨릴 수 없는 부분은 혼자 힘으로 해결하기 어려울 때 주위에 물어보거나 도움을 요청하는 능력입니다. 길을 모를 때 주위에 물어보면 간단히 해결할 수 있는 것을 혼자 찾으려고 하다가 시간만 낭비하는 것과 똑같습니다.

우리가 어려움에 부딪혔을 때 그것을 잘 아는 사람에게 물어보면 간단히 해결할 수도 있고, 조금만 도움을 받으면 어렵지 않게 풀 수도 있습니다. 그럼에도 불구하고 거절에 대한 두려움이나 자존심 때문에 자신이 잘 모른다는 점을 드러내지 않으려 하고 부탁을 하지 않습니다.

그러나 마음을 담아 배움이나 도움을 청하면 이를 무시하는 사람들은 많지 않습니다. 어떻게든 자신이 할 수 있는 만큼 도움을 주려고 합니다. 그리고 설사 거절을 당한다고 하더라도 이는 '나'라는 사람을 거부한 것이 아니라 '나의 제안'을 거절한 것뿐입니다.

영업을 잘하는 사람들이 거절을 당하고도 얼마 지나지 않아서 또다시 제안을 할 수 있는 이유는 상대가 자신을 거절한 것이 아니라 상황으로 인해 자신의 제안을 거절했기 때문이라고 받아들이기 때문입니다.

살아오면서 당신은 누군가에게 도움이나 배움을 진지하게 청해본 적이 있나요? 어쩌면 '누군가 가르쳐주겠지' '누군가 도와주면 좋을 텐데……'라며 마음속으로만 기대하고 있었던 것은 아닌가요?

그렇다면 주위 사람에게 작은 부탁부터 해보세요. 하면 할수록 부탁의 부담과 거절의 두려움은 줄어들고, 사람들은 생각보다 흔쾌히 도움을 베푼다는 사실을 깨닫게 될 테니까요.

삶은 물어야 응답을 얻고, 찾아야 구할 수 있으며, 두드려야 열리는 법입니다.

81

사랑이 있는 곳에 미움이 있다

아주 괴로운 표정의 H씨가 상담실을 찾았습니다. 평소에는 참 점잖은 사람인데 술에 취해 아내에게 막말을 하고 폭력을 휘두른 것입니다. 아내도 큰 상처를 받았지만 무엇보다 본인이 더 큰 충격에 휩싸였습니다. 지금까지 살아오면서 누군가를 때려본 적이 없었기 때문입니다.

화를 분출하는 사람 중에는 기질적으로 다혈질이라서 작은 일에도 폭발하는 이도 있지만, 평소에는 조용하다가 어쩌다 한번씩 크게 화를 터뜨리는 사람도 있습니다. 이런 경우에는 오랫동안 묵혀 있던 화가 터져 나오는 경우라고 봐야 합니다.

그 순간의 일로 화가 폭발했다기보다 그전부터 화가 났는데 스스로

억누르고 있다가 한계를 넘자 폭발한 것입니다.

이들은 가까운 상대를 미워하거나 분노하는 자체를 잘 받아들이지 못합니다. 미움과 화를 느낀다는 사실이 관계를 위협한다고 생각하기 때문입니다. 그렇기에 어떤 식으로든 그러한 감정을 느끼지 않으려고 하고, 어떻게든 표현하지 않으려고 합니다. 가장 쉬운 방법이 침묵입니다. 하지만 잠잠한 침묵이 거듭되면 폭발로 이어져서 결국 모두에게 깊은 상처가 될 수 있습니다.

'가장 사랑하는 사람이 가장 아프게 한다'는 말처럼 친밀하고 사랑하는 관계란 본질적으로 양가적입니다. 우리가 고슴도치라서가 아니라 누군가 아주 가까이 있다는 것 그 자체가 편안함과 아픔을 함께 주기 때문입니다.

가까운 사이에서는 상처를 주려는 의도가 없음에도 단지 솔직하게 자신을 표현하는 것만으로도 때로는 상처를 줄 수 있습니다. 우리의 사랑에는 어떤 식으로든 기대와 조건이 있게 마련이며, 그러므로 기쁨과 실망, 사랑과 미움은 함께할 수밖에 없습니다. 그러므로 사랑이 있는 곳에 미움이 있습니다. 가까운 사람과의 관계를 '애증관계'라고 표현하지 않습니까!

이는 뇌과학에 의해서도 밝혀진 사실입니다. 영국 런던대학교 세미르 제키 교수는 성인 남녀에게 애정을 표현하는 사진과 서로 증오하는 사진을 보여주고 이를 뇌영상 장치로 촬영했습니다. 그 결과 사랑과 증오의 감정을 느낄 때 모두 뇌의 섬엽insula부위가 활성화됨을 알 수 있었습니다. 사랑과 증오가 뇌의 영역을 공유하는 것입니다.

깊은 관계를 맺기 위해서는 자신의 그림자와 밑바닥의 감정들을 마주할 수 있는 용기가 있어야 합니다. 그리고 어떤 대상에 대해 상반되게 느끼는 감정들을 피하려고 하거나 어느 한 사람의 감정을 버리기보다는 서로 다른 감정이 공존할 수 있음을 허용하는 과정을 거쳐야 합니다.

즉, 상대를 사랑하지만 미운 마음이 들 수도 있다는 사실을 받아들일 줄 알아야 합니다. 부정적인 감정도 자신 안에 있음을 받아들일 수 있을 때, 우리는 상대에게 "나는 너를 사랑해. 그러나 ~때는 미워"라고 힘들지 않게 말할 수 있습니다.

감정을 이야기하지 않고 갈등을 풀 수는 없습니다. 자신의 감정을 인정할 때 그리고 그 감정을 언어로 표현할 수 있을 때 관계는 위험해지는 것이 아니라 오히려 깊어집니다.

가장 수준 높은 대화는 감정을 나누는 대화라는 사실! 잊지 마시길 바랍니다.

82

표현하지 않으면 아무도 모른다

H씨는 원하는 것이 있어도 상대방에게 말하지 않는 편입니다. 돌아보니 그 뿌리가 어린 시절까지 닿아 있었습니다. 그녀는 어릴 때부터 아버지 때문에 항상 힘들었던 어머니를 보면서 자신까지 짐이 되면 안 될 것 같아 혼자 고민을 해결해 왔습니다.

힘들어도 이야기를 하지 않는 그녀의 태도는 다른 사람들과의 관계에서도 예외는 아니었습니다. 다른 사람들의 고민이나 어려움은 도와주어도 자신의 문제만큼은 이야기하지 않았습니다.

문제는 H씨가 결혼 후 아이를 키우면서부터 불거지기 시작했습니다. 남편의 도움이 필요할 만큼 힘든데도 원하는 것을 구체적으로 표현하지 못했기 때문입니다. 말하지 않아도 집안일이나 육아를 도와주었으면 하는데 남편은 일에 치여 있느라 신경을 쓰지 않았습니다. 그러자 그녀는 "왜 그렇게 집안일에 무신경해?"라며 심한 짜증을 냈습니다. 그렇다 보니 남편과의 사이는 점점 나빠졌습니다.

심리학자 캐롤 드웩의 책에는 남편과의 일화가 나옵니다. 드웩은 남편이 선물을 하지 않는 것이 불만이었습니다. 그래서 생일이 다가왔을 때 드웩이 이렇게 이야기했습니다.

"나는 돈을 밝히는 사람이 아니지만 멋진 선물을 좋아해요."

이에 남편은 늘 그랬듯이 "중요한 것은 마음이 아닐까요?"라고 대답했습니다.

그러자 드웩은 "나는 표현하지 않으면 잘 느끼지 못해요. 일 년에 하루씩 자기만의 날이 있죠. 나는 당신을 사랑하니까 당신을 위한 선물을 준비하는 일에 언제나 시간과 노력을 쏟을 생각이예요. 당신도 나를 위해 그렇게 해줬으면 좋겠어요"라고 말했습니다.

그 뒤로 남편은 생일선물로 그녀를 실망시킨 적이 없었습니다. 그녀가 자신에게 중요한 것이 무엇인지 또 무엇을 원하는지를 구체적으로 이야기해 주었기 때문입니다.

부부나 커플 상담을 하다 보면 "그런 걸 꼭 말해야 알아?" 하고 어이없어 하거나 "당신이 원하는 게 그거였어?"라며 놀라는 사람들이 많습니다. 사이가 가까울수록 '심리적 일체감'으로 인해 자신의 느낌과 욕구를 굳이 이야기하지 않아도 상대가 알 것이라고 착각하거나, 또는 말하지 않아도 알아주길 바라는 비현실적인 기대감이 크기 때문입니다.

하지만 아무리 오래 알고 지내는 사이라 하더라도 상대는 내가 이야기하지 않으면 내가 무엇을 원하고 어떻게 느끼는지 잘 모르는, 엄연히 나와 다른 존재입니다.

'말하지 않아도 서로의 마음을 알 수 있다'는 이심전심이라는 말이 오히려 갈등을 불러일으키는 경우가 너무 많습니다. 그러므로 상대에게 내 느낌과 욕구를 구체적으로 이야기하는 것이야말로 상대를 배려하는 마음이며 관계를 건강하게 만드는 토대가 됩니다.

누군가 침묵은 금이라고 했지만 그것은 말이 많거나 말실수가 잦은 사람에게 해당되는 이야기입니다. 관계에서는 오히려 '구체적 표현'이 금입니다. 가까운 사람이 당신을 위하지 않아 실망하거나 화가 난다면 먼저 상대에게 원하는 것을 제대로 표현하고 있는지부터 곰곰이 생각해 보세요.

83

아이에게 부모는 인생의 안전벨트

아이는 자신을 돌봐줄 누군가를 절대적으로 필요로 합니다. 그렇기에 아기들은 누군가와 깊이 연결하기 위한 여러 가지 프로그램을 가지고 태어납니다. 구슬픈 울음, 환한 미소, 흉내 내기 등은 관계를 형성하려는 아이의 대표적인 '애착 행동'이라 할 수 있습니다. 이러한 아이의 애착 행동과 엄마의 모성애가 연결되어 아이와 엄마는 '애착 관계'를 형성합니다.

안정적인 보살핌을 통해 애착이 형성되면 아이들의 관심사는 이제 바깥으로 향하게 됩니다. '탐색 행동'을 시작하는 것입니다. 호기심이 들기도 하고 무섭기도 하지만 아이가 엄마를 떠나 낯선 곳을 탐색할 수 있는 것은 엄마에 대한 믿음이 만들어졌기 때문입니다. 만일 위험하면 엄마에게 돌아가면 된다거나 혹은 엄마가 도와줄 것이라는 믿음이 있기에 아이들은 적극적으로 세상을 탐색합니다. 이렇듯 안정적으로 애착이 형성된 아이들은 적극적으로 세상에 나아갑니다.

놀이공원에서 위험천만해 보이는 기구를 타보셨나요? 위험해 보이는데 어떻게 안심하고 탈 수 있을까요? 그렇습니다. 안전벨트와 같은 안전장치가 있기 때문에 우리는 마음껏 스릴을 즐길 수 있습니다.

안정적인 애착을 형성한 아이에게 부모의 존재는 마치 인생의 안전벨트와도 같습니다. 아이는 두려운 세상에 맞설 수 있는 용기를 얻고, 힘들면 돌아와서 다시 추스르고 나아갈 수 있는 인생의 베이스캠프를 얻은 셈입니다.

그렇다면 안정적인 애착이 형성되지 못한 아이들은 어떻게 될까요? 아이들은 자신의 호기심에 기초한 자연스러운 탐색 행동을 발달시키지 못합니다. 엄마에 대한 믿음이 없기 때문에 아이들은 엄마를 벗어나지 못하거나, 눈치를 살피며 엄마가 원하는 탐색만을 시도하거나 혹은 무분별하게 탐색하기 쉽습니다. 결국 불안정한 애착은 불안정한 탐

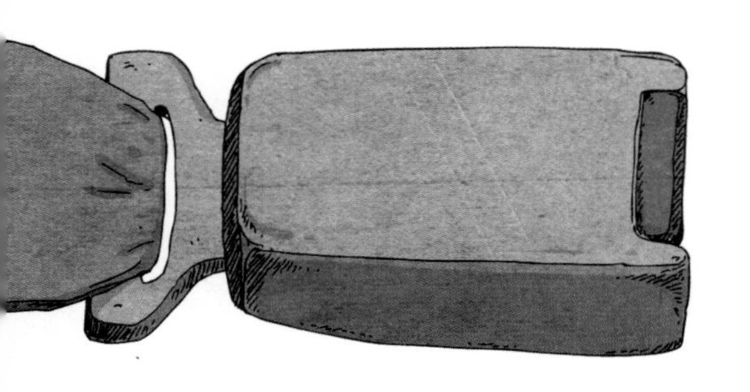
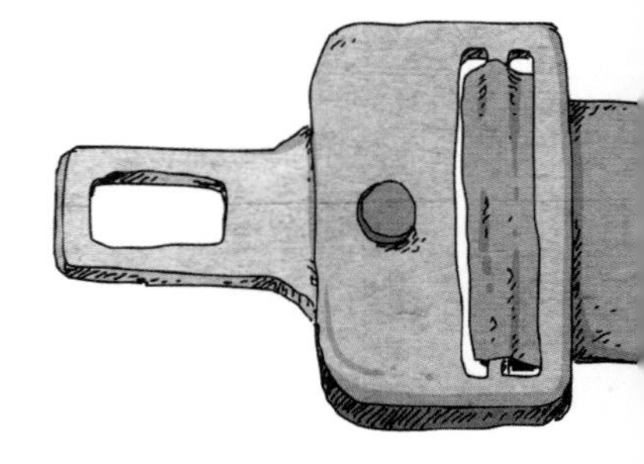

색 행동으로 이어지게 마련입니다.

과연 아이들만 그럴까요? 유난히 새로운 도전을 두려워하는 사람들이 있습니다. 이들은 흔히 삶의 방향과 목표가 없어서라거나 모든 것이 불투명하기 때문이라고 이야기합니다. 그렇기에 정확한 나침반과 지도를 얻어야만 무슨 일이든 시작할 수 있다고 생각합니다.

하지만 이들이 도전하지 못하는 진짜 이유는 어쩌면 안전벨트가 없기 때문인지도 모릅니다. 즉, 믿고 의지할 수 있는 베이스캠프가 없기에 이들은 기약도 없이 확실한 방향과 목표만을 찾으며 자꾸만 출발을 미루게 됩니다. 명확한 삶의 방향이란 오직 시행착오를 통해 얻어질 수 있는데도 말이지요.

당신에게는 인생의 안전벨트가 있나요?

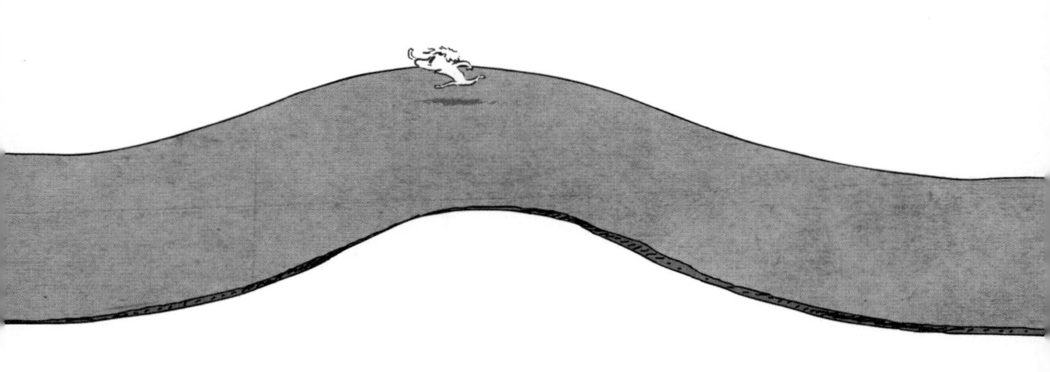

84

그 누구도 홀로 떠 있는 섬이 아니다

1967년, 하버드대학교 심리학과 교수 스탠리 밀그램은 6명만 거치면 전 세계 사람들이 모두 연결된다는 '6단계 연결 법칙'을 발표했습니다. 그는 서로 일면식도 없는 사이라고 하더라도 여섯 사람만 거

치면 편지나 서류가 상대에게 전달됨을 증명했습니다.

하지만 이제는 모바일과 소셜 네트워크의 발전으로 굳이 여섯 단계나 거쳐야 할 필요성이 없어졌습니다. 몇 번의 클릭만으로도 만나고 싶은 사람과 닿을 수 있을 정도로 우리는 긴밀히 연결되었습니다.

소셜 네트워크를 집중적으로 연구하는 사회학자 니컬러스 크리스태키스 하버드대학교 교수와 제임스 파울러 캘리포니아대학교 정치학과 조교수는 '3단계 영향 법칙'을 이야기합니다. 이는 3단계 거리 안에 있는 사람들 — 친구(1단계), 친구의 친구(2단계), 친구의 친구의 친구(3단계) — 은 서로 직접적인 영향을 주고받는다는 것입니다.

이들은 지난 30여 년간 총 1만 2,067명을 추적 연구해 보았는데 사람들은 사회적 네트워크를 통해 행복이나 불행과 같은 감정, 신체적 건강 등은 물론 정치적 성향까지도 주고받고 있었습니다.

예를 들면 친구가 행복할 경우 자신이 행복할 확률은 약 15퍼센트, 친구의 친구가 행복하면 10퍼센트, 친구의 친구의 친구가 행복하면 6퍼센트가량 높아진다는 것입니다.

비만이나 금연 문제에서도 비슷한 결과가 나타났습니다. 친구가 비만일 경우에 자신이 비만일 가능성이 45퍼센트 높아졌으며, 친구의 친구이면 20퍼센트, 친구의 친구의 친구이면 10퍼센트가량 비만이 될 가능성이 높아졌습니다. 한 사람의 몸무게가 늘어나면 그와 가까운 친구, 형제, 배우자도 체중이 늘어날 확률이 매우 높다는 것입니다.

병원에서 전문 과목이 나뉜 것과 달리 우리의 몸과 마음, 기관과 세포는 모두 긴밀히 연결되어 영향을 주고받습니다. 마찬가지로 우리는 모두 각각의 섬과 같은 개체로 보일지 모르지만 사실은 대륙의 한 조각이며 한 뿌리로 연결된 존재입니다. 개인주의의 확산으로 '너는 너, 나는 나'라고 생각하기 쉽지만 사실 그와 반대로 긴밀하게 연결되어 있

고 생각보다 많은 영향을 주고받는 셈입니다. 즉, 개인의 의지 못지않게 개인이 속한 상황과 환경도 중요합니다.

그러므로 당신이 삶에서 원하는 것이 있다면 당신의 관계와 환경도 달라져야 합니다. 불행한 과거에서 벗어나 행복을 찾고 있다면 행복을 느끼는 사람들과 만나고, 술을 끊으려고 한다면 술을 마시지 않는 사람들과 만나고, 외국어를 잘하고 싶다면 외국어를 열심히 배우거나 잘하는 사람들과 어울리는 자세가 필요합니다.

당신은 지금 어떤 사람들과 연결되어 있으며 이 관계망을 통해 어떤 영향을 주고받고 있나요?

85

멀리 가려면 함께 가라

세계적인 건강식품회사 '웨이트 와처스' 창업자인 진 니데치는 어릴 때부터 과체중이었습니다. 살을 빼려는 별다른 노력을 기울인 적이 없던 그녀는 서른여덟 살에 96킬로그램에 달하게 되었습니다.

어느 날 오랜 만에 마주친 이웃에게 "해산일이 언제인가요?"라는 말을 듣게 됩니다. 순간 그녀는 심한 모멸감을 느꼈지만 마음이 진정되고 나니 누구를 미워할 게 아니라 자신의 탓임을 깨달았습니다. 건강을 되찾고 싶었던 그녀는 여러 가지 다이어트에 매달렸으나 번번이 실패하였습니다.

숱한 시행착오와 깊은 고민 끝에 그녀는 자신에게 필요한 것은 다이어트의 고통과 어려움을 함께 이야기하고 이겨나갈 수 있는 모임이라는 것을 깨달았습니다.

그녀는 우선 6명의 비만 친구들을 모았습니다. 체중조절을 위한 일종의 자조모임self-help group이 만들어진 셈입니다. 이들은 자신들의 고민을 이야기하면서 서로 위로를 받았고 자신들의 경험을 공유하면서 보다 효과적인 방법들을 찾았습니다.

함께하는 시간들을 통해 이들은 식욕조절의 어려움이 감정의 문제에서 비롯된다고 보고, 체중조절의 열쇠를 공감·상호이해·지지적 관계에서 찾았습니다. 온통 먹는 것에 집중했던 입에 '말하기'라는 새로운 재미를 선사한 것입니다.

모임은 성공적이었습니다. 이들은 서로 지지하고 함께 배우면서 점점 건강을 되찾았습니다. 그리고 그 경험을 바탕으로 진 니데치는 회사까지 차리게 되었습니다. 혼자 할 때는 너무 힘들어서 수많은 실패를 반복했던 일을 다른 사람들과 함께할 때에는 오래할 수 있었고 더 높이 날아오를 수 있었던 것입니다.

유방암 수술을 받은 여성들이 집단치유 모임에 참가한 경우 비참가자들에 비해 생존 기간이 2배가량 연장됩니다. 또한 미국의 알라메다 지역에 사는 7,000여 명의 남녀를 9년간 조사한 결과, 인간관계나 공동체의 유대가 결여된 사람들의 사망률이 그렇지 않은 사람에 비해 1.9~3.1배 더 높다고 발표되었습니다.

심지어는 해로운 생활습관을 가졌음에도 친밀한 인간관계를 가진 사람들이 그 반대의 상황인 사람들보다 더 오래 살았다고 보고되었습니다.

이렇듯 사람은 누군가와 연결되어 있을 때 치유력과 건강이 촉진됩니다. 같은 문제를 함께 해결하려는 사람과의 연결이든, 성향이 완전히 다른 사람과의 더 깊은 연결이든, 더 큰 존재와의 연결이든 이 모든 것은 치유를 촉진합니다.

함께하면 건강해지고, 함께하면 오래할 수 있고 더 멀리 갈 수 있습니다.

86

나는 어디에서 왔을까

몇 년 전 겨울에 아이들과 함께 월정사에 간 적이 있습니다. 날씨가 너무 추워 찻집에 들어갔는데 스님 한 분이 큰아이에게 "너는 어디에서 왔느냐?"라고 물었습니다. 아이는 "서울에서요"라고 답했습니다. 그런데 스님이 또 물었습니다. "너는 어디에서 왔느냐?" 큰아이는 스님이 잘못 들었나 싶어서 "서울시 ㅇㅇ구 ㅇㅇ동 ㅇㅇ아파트에서 왔는데요"라고 또박또박 대답했습니다.

그러자 스님이 허허 웃으시더니 "요 녀석아, 너는 엄마 아빠한테서 왔지. 어디에서 와!" 하는 것이었습니다.

순간 허탈했지만 시간이 지날수록 스님의 말씀은 깊은 울림으로 다가왔습니다. 그동안 내가 어디서 왔는지 잊고 있었다는 것을 깨달았

기 때문입니다.

일반적으로 포유류들의 배꼽은 잘 보이지 않는 곳에 있습니다. 그런데 유독 사람의 배꼽만큼은 몸 한가운데에 뚜렷하게 남아 있습니다. 그렇다면 이 배꼽의 기능은 무엇일까요? 몸의 가운데가 어디인지를 표시해 주는 것일까요, 아니면 웃을 때 붙잡으라고 있는 것일까요?

우리는 배꼽을 태아와 엄마를 연결해 준 탯줄의 흔적일 뿐 별다른 기능이 없다고 생각하기 쉽습니다. 하지만 메사추세츠 의과대학 존 카밧진 교수는 '배꼽이란 우리가 어디에서 온 것임을 알려주는 상징'이라고 이야기합니다. 즉, 내가 그냥 생겨난 것이 아니라 관계에 의해 태어났고 관계에 의해 살아가는 존재임을 상기시켜주는 상징물이라는 것이지요.

우리는 서양에서와 달리 태어나자마자 한 살이 됩니다. 우리 조상들은 왜 그렇게 했을까요? 어쩌면 엄마 배 속에서 자라온 10개월의 시간을 '한 살'이라고 보았기 때문에 그렇게 했을지 모릅니다. 그렇게 보면 서양식의 '만 나이'란 엄마와 한몸이 되었던 시간을 부정하고 엄마와 분리된 이후의 시간만 계산하는 셈법입니다.

그래서일까요? 개체를 중시하는 서양에서는 사람을 'human being'이라고 합니다. 하지만 관계를 중시하는 동양에서는 '사이 間' 자를 넣어 '인간人間'이라고 합니다. 어떤 표현이 인간의 존재적 특성을 잘 드러내고 있을까요?

한번씩 배꼽을 보세요. 당신이 어디에서 왔는지를 확실히 알려주고 있으니까요.

87

우리는 모두 빚지고 살아간다

빚지고는 못산다는 사람들이 많습니다. 이들은 친한 사이에서도 신세를 졌거나 폐를 끼쳤다고 생각하면 어떻게든 갚아야 속이 시원합니다. 늘 빚이 '0'의 상태로 있어야 마음이 편한 사람들입니다. 빚이 없기 때문에 떳떳하다고 하는데 이들은 정말 빚이나 신세를 지지 않고 사는 것일까요? 그리고 과연 부채감 없이 살아가는 것이 좋은 것일까요?

빚을 지기 싫어하는 사람들은 한편으로 자신이 누리는 것을 온전히 자신만의 것이라고 생각하는 경향이 있습니다. 그러나 과연 그 혜택과 성과가 자신만의 공일지 한번 생각해 봅시다.

우리는 자신의 몸을 가리켜 '내 몸'이라고 합니다. 그런데 태어날 때 당신의 몸무게가 3킬로그램이었고 지금의 몸무게가 60킬로그램이라고 한다면 과연 57킬로그램의 무게는 어디에서 왔을까요? 그것은 온전히 '나' 이외의 생명으로부터 얻은 것입니다.

그렇다면 태어날 때 당시의 3킬로그램은 과연 '나의 것'일까요? 그 역시 부모에게서 받은 것이며 결국 부모 또한 다른 생명으로부터 얻은 것일 뿐입니다. 즉, '나'를 이루고 있는 실체에서 정작 '내 것'은 아무것도 없습니다.

정신이나 지식처럼 눈에 보이지 않는 것도 마찬가지입니다. 뉴턴은 자신의 업적이 다른 사람들의 연구와 성과에 빚을 지고 있는 것이라며 자신을 '거인들의 어깨 위에 올라탄 난장이'로 비유한 바 있습니다.

이러한 의미에서 보면 사실 자수성가란 말은 있을 수 없습니다. 우리가 이룬 모든 것은 결국 사회와 자연, 역사, 사람들의 기반 위에 이루어진 것이기 때문입니다.

이베이의 창업자 피에르 오미디야르는 "우리가 얻은 재산은 사회에서 잠시 빌려온 것이므로 살아 있을 때 사회에 돌려주는 것이 당연하다"며 재산의 99퍼센트를 사회에 환원했습니다.

그 외에도 우리 주위를 보면 평생 모은 재산을 사회에 환원한 많은 사람들이 있습니다. 이들에게 성취와 성공은 단지 개인의 소유물이 아니라 사회적 공유물에 가깝습니다. 그렇기에 이들의 기부는 있는 사람이 없는 사람에게 베푸는 '시혜'가 아니라 원래 제자리로 되돌린다는 의미의 '환원'이라 할 수 있습니다.

세상에 빚지지 않고 사는 사람은 아무도 없습니다. 우리는 모두 빚지고 살아가는 존재입니다. 그렇기에 스스로 편안하다고 느낄 때 자신의 편안함이 누군가의 불편함에 기초하고 있는 것은 아닌지를 살펴야 합니다. 자신이 이룬 성공을 사회에 환원하려는 태도는 사회적 존재로서 인간이 지녀야 할 건강한 부채감에서 비롯됩니다.

당신에게는 건강한 부채감이 있나요?

88

과잉연결과 이중단절

대부분 사람들은 휴대전화를 꺼놓고 상담을 합니다. 그런데 핸드폰을 켜놓고 전화나 문자가 오면 계속 확인하는 사람들도 있습니다. 심지어 급한 일이 아닌데도 상담 중에 문자를 주고받는 이들도 있습니다. 이럴 때면 상담의 맥이 끊기게 마련입니다.

스마트폰과 소셜 네트워크의 등장으로 모바일 기기에 대한 의존도가 급격히 높아졌습니다. 엄마와 잠시라도 떨어지지 않으려는 아이처럼 현대인들은 모바일 기기와 잠시도 떨어지지 못합니다. 어느 통계에 따르면 현대인들은 3~6분에 한번씩 휴대전화를 만지고 신호가 없는데도 습관적으로 휴대전화를 확인하는 횟수가 하루에 30여 차례가 넘는다고 합니다.

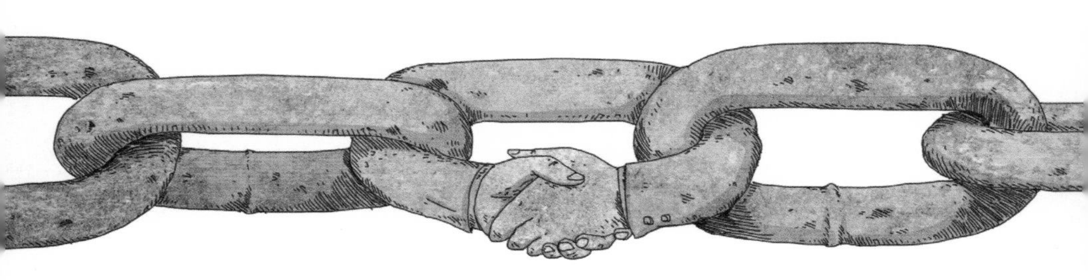

심지어 2009년 미국 플로리다에서는 한 엄마가 실내 수영장에 빠져 숨지기 직전의 아기 모습을 트위터에 올려 사회문제가 된 적도 있었습니다.

물론 모바일 시대가 되면서 좋은 점도 많습니다. 바로바로 대화하고 확인할 수 있으니 편리하고, 예전에는 알 수 없었을 다양한 사람들과 연결되어서 좋습니다.

그러나 문제는 그 빛만큼 그림자도 짙어졌다는 데 있습니다. 사람들은 이제 즉각적인 반응이 없으면 조바심이나 화를 내고, 예전에 비해 참고 기다리는 마음은 턱없이 부족해졌습니다.

수많은 사이버 인맥이 형성되고 늘 연결되어 있지만 정작 그 안에서 온기와 친밀함은 잘 느껴지지 않습니다. 카네기멜런대학교의 로버트 크라우트 심리학 교수는 인터넷과 모바일 기기가 우울증과 고독감을 유발한다고 보고한 바 있습니다.

일주일에 인터넷을 1시간 더 사용하는 경우 만나는 사람들의 수는 평균 2.7명이 줄어들며, 고독감 지수는 5점 만점에서 0.4점 이상 커진다고 합니다. 즉, 사이버 관계는 심리적인 안정감과 친밀함의 형성에 별 도움이 되지 않고 심지어 관계 결핍으로 이어집니다.

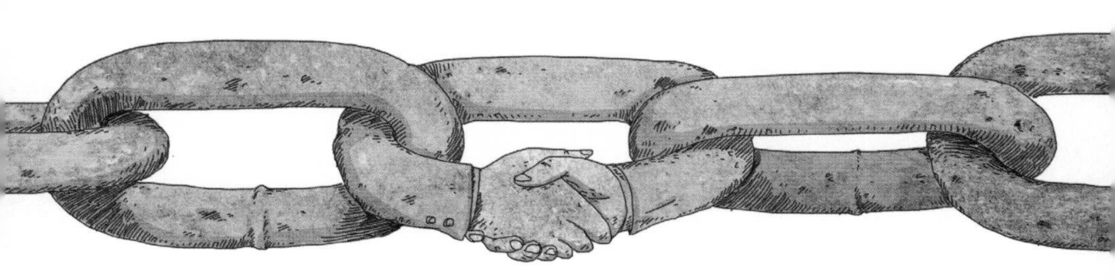

그런데 더 큰 문제가 있습니다. 이같은 과잉연결로 인해 자기접촉의 시간이 사라진다는 점입니다. 혼자 있는 시간은 많지만 끊임없이 문자 메시지나 이메일 등을 주고받다 보니 정작 자신과 만나는 시간은 턱없이 부족할 수밖에 없습니다. 당연히 자신의 마음도 잘 모를 뿐더러 삶의 고민도 깊을 수가 없습니다. 바로 눈앞만 보고 살아갈 뿐입니다.

창조적 활동이나 실력 향상을 위해서는 혼자 있는 고독한 시간이 절대적으로 필요합니다. 그러나 네트워크의 발달은 이를 끊임없이 잠식합니다. 결국 모바일 기기는 관계를 위협하는 동시에 자기와의 시간도 단절시키고 맙니다. 이중단절인 셈입니다.

이를 어떻게 해야 할까요? 우리는 얼마 전만 하더라도 아무런 비판의식 없이 패스트푸드를 먹었습니다. 하지만 건강에 미치는 폐해를 알게 되면서 속도보다는 영양을 선택하게 되었습니다.

모바일 기기도 그렇습니다. 이제 모바일의 폐해를 뚜렷하게 인식할 때가 되었습니다. 그리고 편리함보다는 삶과 관계에서 질을 선택할 때가 된 것입니다. 더 늦기 전에.

89

당신이 어울리는 사람이 당신을 말해 준다

춘추전국시대 제나라의 선왕이 순우곤이라는 사람에게 각 지방에 흩어져 있는 인재를 찾아오라고 하였습니다. 며칠 뒤에 순우곤이 7명의 인재를 데리고 나타났습니다.

선왕이 물었습니다.

"그대는 어찌 귀한 인재를 한번에 일곱 명씩이나 데려올 수 있는가?" 그러자 순우곤은 대답했습니다.

"같은 종의 새가 무리지어 살듯, 인재도 끼리끼리 모입니다. 그러므로 신이 인재를 모으는 것은 강에서 물을 구하는 것과 같습니다."

'유유상종'이라는 한자성어의 유래가 된 이야기입니다.

자석과 달리 사람들은 자신과 비슷한 사람에게 끌립니다. 영국 세인

트앤드류대학교의 인지심리학자 데이비드 페렛 교수는 이와 관련한 재미있는 실험을 진행한 바 있습니다. 200여 명의 남녀 실험 참가자들에게 자신의 얼굴을 이성의 모습으로 꾸며 다른 이성 사진과 함께 보여준 뒤, 그중 호감 가는 사진을 선택하게 했습니다. 그 결과 상당수의 참가자들이 자신을 닮은 이성의 사진을 골랐습니다.

이는 외모에만 국한되지 않습니다. 나이, 취미, 관심사, 성격, 사고방식, 가치관, 목표 등이 비슷해도 서로 이끌리게 됩니다. 생각해 보세요. 당신이 책을 좋아하면 자연스럽게 책을 좋아하는 사람들과 어울리게 되고, 술을 좋아하면 술을 좋아하는 사람들과 어울리게 되고, 정치적 성향이 다른 사람보다는 비슷한 사람들과 어울리지 않습니까!

더 나아가 사람들은 발달단계에서 자신과 비슷한 갈등을 경험했거나 비슷한 상처를 가진 사람에게 정서적 유사성을 느끼고 이끌립니다. 왠지 어울리지 않는 커플이 있다면 두 사람을 이어주는 심리적인 동질감이 크다고 볼 수 있습니다.

사람은 좋아하는 것보다 익숙한 것을 편하게 느끼기 때문입니다. 그러므로 당신이 어떤 사람인지를 알고 싶다면 당신의 주위 사람들을 잘 살펴보는 것이 중요한 단서가 될 수 있습니다.

그런데 한자성어 중에 '근묵자흑'이라는 말도 있습니다. 검은 먹을 가까이하면 원래 흰 것도 쉽게 검어진다는 말입니다. 이는 그 역도 성립할 수 있는데, 사람이란 누구와 어울리느냐에 따라 점점 그 무리와 비슷해진다는 의미입니다.

즉, 사람은 편안하기 때문에 비슷한 사람들과 어울리게 되지만 반대로 자신이 닮고 싶은 사람들과 어울리면 점점 그렇게 변화할 수 있다는 말입니다.

그러므로 우리는 꼭 비슷한 사람끼리만 어울릴 필요는 없습니다. 부정적으로 사고하는 습관이 강하다면 긍정적으로 생각하는 사람들과 어울리고, 운동을 해야 하는데 자꾸 피한다면 운동을 좋아하는 사람들과 어울리는 자세가 필요합니다.

다만, 처음에는 나와 다른 사람들이라는 느낌에 다소 불편한 마음이 들겁니다. 그러나 그러한 불편함은 점점 친숙함으로 바뀌어갈 것입니다.

90

우리는 모두 지구별에 탑승 중

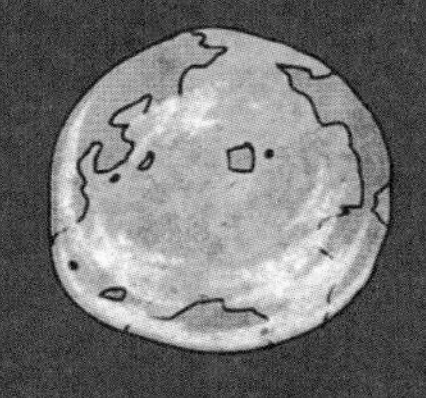

남이라고 생각할수록 그 사람의 일에 별로 개의치 않게 되지만 자신과 가까운 사람의 일이라면 어떤 일이든 신경을 쓰게 됩니다. 다른 나라 사람이나 다른 집단에 있는 사람들의 고통에 대해서는 별다른 느낌이 없을 수 있지만, 단지 같은 국민이거나 같은 집단에 속해 있기만 해도 상대의 고통에 더 온정이 갑니다.

상대와 연결되어 있다고 느낄수록, 그리고 함께 소속되어 있다는 느낌이 강할수록 '남'이라는 느낌이 줄어들기 때문입니다.

사람이 반드시 바뀌게 되는 몇 가지 경험이 있다고 합니다. 쉽게 할 수 없지만 그중에 하나는 '우주비행'입니다. 한번 상상해 보세요. 여러분이 우주 공간에서 유영을 하며 지구의 전체 모습을 바라보는 장면을.

우주비행사들은 그 순간 표현할 수 없는 신비함과 경이로움을 느낀다고 합니다. 그리고 그 경험 이후로는 이전의 사고와 삶의 방식으로는 살아갈 수 없다고 합니다. 왜냐고요?

쉽게 설명할 수 없지만 우리가 사는 '지구'라는 별을 우주에서 전체적인 모습으로 바라보는 순간, 우리가 가지고 있던 틀과 신념들이 약해지고 서로를 구분하고 차이를 나누는 기준들이 의미가 없어지면서 '하나됨oneness'의 감각이 충만해진다고 합니다.

즉, 서로를 분리시켰던 인종, 신념, 종교, 민족 등의 차이가 작아지는 대신 '우리'라는 공동체 의식이 고양되고 확장되는 것입니다.

그래서 우주비행사들은 지구로 귀환한 후 영적인 세계나 공동체의 삶에 깊은 관심을 갖게 되고 예전과는 다른 방식으로 살아가게 됩니다.

어떻게 보면 우리는 모두 우주비행사라고 할 수 있습니다. 지구라는

아주 커다란 구형의 우주선을 올라타고 정해진 궤도를 따라 우주를 항해하는 비행사들이지요. 다만 그 우주선이 너무 크고 비행시간이 너무 길기 때문에 우리는 하나의 우주선 안에서 함께 비행하고 있다는 사실을 까맣게 잊고 있을 때가 많습니다.

그러나 우리는 안전한 운행을 위해 다양한 역할과 임무를 나눠 맡고 있습니다. 이 우주선을 잘 유지해서 후배 비행사들에게 물려주어야 할 책임이 있으며, 지식과 노하우를 그들에게 잘 가르쳐 줄 의무가 있습니다. 그러므로 세상에 '완전한 타인'은 없습니다. 오히려 본질적으로 보면 동일한 책임과 의무를 가지고 있는 '동료'들이 있을 뿐입니다.

당신과 내가 모두 같은 우주선을 타고 있는 우주비행사라는 말, 정말 맞는 것일까요?

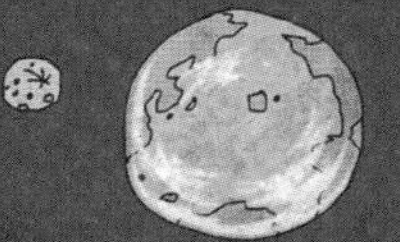

91

함께 울리면
소리는 더욱 깊어진다

예전에 아이가 잠을 못 자고 보챌 때 나름대로 아이를 재우는 노하우를 터득했습니다. 아이를 왼쪽 가슴팍에 안정적으로 안고 아이의 호흡과 박동을 가만히 느껴보는 것입니다. 그리고 아이의 호흡에 맞추어 함께 숨을 쉽니다. 시간이 지날수록 서로의 호흡과 심박동의 리듬이 비슷해집니다. 그렇게 호흡과 심박동의 사이클이 맞을 때 아이는 편하게 잠이 들더군요.

실제 학자들의 연구 결과도 다르지 않습니다. 연구에 의하면 엄마와 아기가 즐겁게 놀이를 할 때에는 심장박동률이 같아집니다. 그리고 심리치료 시간에 환자와 치료자의 감정이 일치할 경우, 즉, 정서적 공감이 잘 이루어지는 순간에도 이들의 심장박동률이 비슷해진다고 합니다.

우리 몸은 심신이 연결되어 있어 정서적 공감이 일어나면 신체적인 반응도 비슷해지기 때문입니다. 이를 '생리적 동시반응'이라고 합니다.

공연이나 강연이 끝난 뒤 형식적으로 치는 박수는 산만하기 그지없지만 감동을 느끼고 치는 박수는 점점 일치되어 강력한 소리를 만들어내는 것도 비슷한 현상입니다.

영국 맨체스터의 현수교가 군인들의 보조를 맞춘 행진에 무너진 것처럼 개별적으로 보면 작은 진동이지만 그 진동수가 맞아떨어지면 놀랄 만큼 큰 힘으로 발전하는 것과 같은 이치입니다.

이렇듯 비슷한 진동수를 가진 두 파동이 만나면 그 진폭이 뚜렷하게 커지는데 이를 '공명共鳴'이라고 합니다. 진동이 함께 울리면서 더욱 커지고 깊어지는 것이지요.

인생도 그렇습니다. 무명이었던 박지성 선수가 월드컵 주전을 거쳐 세계적인 선수로 도약하게 된 것은 그의 진가를 알아준 히딩크 감독의 힘이 컸습니다. 2002년 한일 월드컵 준비 기간에 "당신처럼 정신력이 뛰어난 사람은 반드시 훌륭한 선수가 될 것이다"라고 했던 히딩크의 칭찬이 박지성 선수의 마음에 깊은 울림을 주어 그의 가능성을 폭발시켰습니다.

때로는 한 줄의 글에서, 때로는 영화의 한 장면에서, 때로는 누군가의 이야기 한마디가 마음속에 깊은 울림을 주어 인생을 전혀 다른 곳으로 이끌어가기도 합니다.

아무리 좋은 바이올린이라도 활이 없다면 아름다운 소리를 낼 수 없듯이 사람은 혼자서 아름다운 소리를 낼 수 없는 악기와 같습니다. 내 마음에 울림을 주는 누군가와 만날 때 우리 안의 가능성을 힘껏 발휘할 수 있습니다.

만일 당신이 바이올린이라면 당신의 활은 누구일까요?

"친구란 너의 마음에서 울리는 멜로디를 듣고,
언젠가 네가 잊어버리게 되었을 때
그 멜로디를 너에게 다시 일깨워주는 네 마음의 공명이다."

안셀름 그륀 『삶의 기술』 중에서

92

때로는 어둠 속에 함께 있기

사람들은 정신적인 고통 때문에 상담을 하러 옵니다. 하지만 고통스럽기 때문에 상담을 온다는 말은 정확한 표현이 아닌 것 같습니다. 사람들이 상담을 받으러 오는 이유는 고통 속에 혼자 있다고 느끼기 때문입니다. 인간에게 단절만큼 큰 고통은 없습니다.

암 환자의 자살률은 일반인에 비해 2배가량 높은 것으로 알려져 있습니다. 그런데 일반인에 비해 무려 10배나 높은 자살률을 보이는 질병이 있습니다. 무엇일까요?

바로 에이즈AIDS입니다. 암 환자들은 주위 사람들의 보살핌과 관심을 받지만 에이즈 환자는 가족들조차 냉담한 경우가 많기에 에이즈 환자들이 경험하는 단절과 고립감은 이루 말할 수 없습니다.

왕따를 당한 청소년들이 자살을 시도하는 것도 마찬가지 이유입니다. 무리 안에서 단절과 고립을 경험하는 사실은 인간의 사회적 생명이 끊어졌다는 것을 의미합니다.

해외 뉴스를 보면 간혹 자살테러를 감행하는 사람들이 있습니다. 이들은 어떻게 죽음의 공포를 넘어설 수 있었을까요? 그들에게 죽음은 단절이 아니라 신이나 사랑하는 사람들과의 더 깊은 연결을 의미하기 때문에 목숨을 내던질 수 있습니다.

사랑하는 사람을 잃고 뒤따라 자살을 선택하는 사람들 역시 마찬가지입니다. 그들에게 죽음은 '무無'가 되는 것이 아니라 사랑하는 사람과의 재결합을 의미합니다. 이렇듯 인간에게 죽음보다 더 중요한 것은 바로 연결입니다.

이러한 측면에서 아이들의 문제 행동은 사랑과 존중을 받지 못했다는 단절감에서 비롯된 경우가 많습니다. 아이들이 겉으로는 부모를 무시하고 공격하는 것처럼 보이지만 사실은 부모와 깊이 결합하고 싶은 욕구가 좌절된 데에 따른 실망과 분노의 표현입니다.

부부간의 갈등도 다르지 않습니다. 언제 사랑한 적이 있었냐는 듯이 서로를 공격하고 비난하지만 사실 관계를 파괴시키려는 것이 아니라 그만큼 사랑받고 싶은 욕구와 상대방과 깊이 교감하지 못한 데 대한 좌절감이 크다는 것을 의미합니다. 그렇기에 정서적 연결 고리가 복구되지 않는 한 서로 아무리 좋은 이야기를 들려준다고 해도 갈등은 쉽게 사라지지 않습니다.

상담실에는 내담자를 위한 의자 두 개가 놓여 있습니다. 내담자가 한

쪽 의자에 앉으면 그 옆으로는 빈 의자가 남습니다. 원래는 연인이나 부부가 상담하거나 가족과 함께 이야기를 나눌 때 사용하는 의자입니다.

그러나 빈 의자에는 또다른 용도가 있습니다. 내담자가 마음속 깊은 상처를 꺼내놓을 때, 그의 고통을 선불리 해석하거나 조언하려 할 때마다 나는 상상 속에서 일어나 내담자의 옆에 있는 빈 의자로 옮겨 갑니다. 그리고 내담자의 고통 속에 함께 있으려고 합니다.

즉, 나에게 빈 의자는 일종의 '공감의 자리'로 교감의 중요성을 환기시켜주는 역할을 합니다. 어둠 속에 누군가 혼자 앉아 있다면 그에게 빨리 나오라고 소리칠 것이 아니라 조용히 어둠 속에 같이 있어줄 필요가 있습니다.

누군가와의 연결을 회복하고 싶나요? 그렇다면 조언이나 설명을 하려고 하지 말고 그의 옆에서 그의 이야기에 귀기울여 주세요. 누군가 자신의 이야기를 잘 들어줄 때, 그리고 자신의 고통에 함께한다고 느낄 때 연결은 회복되기 때문입니다.

이러한 의미에서 보면 정신과의사나 상담가만 꼭 '치유적 존재'라고 할 수 있는 것은 아닙니다. 다른 이의 마음에 귀기울이고 그 사람의 고통을 함께 짊어질 수 있는 사람이야말로 치유적 존재이고, 그가 머무르는 공간이 바로 치유적 환경입니다.

93

'그렇게 생각할 수도 있지'

손과 발은 무엇이 다를까요? 엄지 모양과 방향의 차이가 큰데요. 손에는 네 개의 손가락과 마주하는 엄지손가락이 있습니다. 그래서 이 엄지손가락을 '마주볼 수 있는 엄지Opposable Thumb'라고 부릅니다.

이는 일부 영장류만 가진 특징인데 이 엄지와 나머지 네 손가락 사이의 긴장 때문에 인간은 도구를 사용할 수 있습니다. 그리고 이로 인해 고도의 인지능력이 발달했다고 볼 수 있습니다. 즉, 다섯 손가락이 모두 한 방향만을 바라보았다면 지금의 인간은 존재하지 않았겠지요.

아주 가까운 사람끼리는 자신과 상대의 경계가 약해지면서 심리적인 일체감이 일어나, 상대에 대한 높은 기대가 생깁니다. 즉, 자기처럼 생각하고 느끼고 행동하기를 바라게 됩니다. 그래서 남이라고 생각하면 상대방이 나와 다르게 생각하고 느끼고 행동할 수 있다고 받아들이지만 가까운 사람들과는 오히려 차이를 인정하기 힘들어집니다.

결국 심리적인 일체감이 친밀감을 유발하기도 하지만 반대로 서로가 지니고 있는 고유한 자아를 짓누르고 갈등을 일으키게 됩니다. '그렇게 생각할 수도 있지'가 아니라 '어떻게 그렇게 생각할 수가 있어!'가 되는 것이지요.

그렇기에 부부 사이가 좋으려면 일체감을 느낄 수 있는 교집합은 물론 각자의 자아가 숨쉴 수 있는 개인적 영역이 존재해야 합니다. 흔히 성격 차이 때문에 헤어진다고 이야기하지만 헤어지는 이유는 차이 그 자체 때문이 아니라 차이를 존중하지 못해서입니다.

만일 상대가 자신과 똑같이 생각하고 느끼고 행동한다면 과연 좋을까요? 같은 점이 있기에 동질감과 친밀감을 느낀다면 다른 점이 있기에 서로의 단점을 보완하고 새로움을 느낄 수 있는 법입니다. 지속적인 관계의 결합과 그에 따른 평화는 일치에서 나오는 것이 아니라 차이의 존중에서 비롯됩니다.

우리들의 마음도 마찬가지입니다. 한마음을 바랄지 모르겠지만 엇갈린 다른 마음들이 있기에 우리는 보다 신중할 수 있고 때로는 새로운 통찰을 얻어낼 수 있는 법입니다.

자신에게서나 다른 사람과의 관계에서 같은 방향을 보고 싶어하거나 의견의 일치만을 바라는 것은 아닌가요? 다른 방향을 보고 있다는 것만으로도 불편함을 느끼지는 않나요?

그럴 때에는 자신의 다섯 손가락을 바라보세요. 그리고 다른 방향이나 다른 생각이 혼란이나 갈등의 원인이 될 수 있지만 조율을 거치고 나면 발전과 창조의 바탕이 된다는 사실을 유념하고 소통하려는 노력을 좀 더 해보면 어떨까요?

누군가를 빛내는 페이스메이커

1마일은 1,609미터로 육상트랙 네 바퀴입니다. 이 1마일을 달리는 데 얼마나 걸릴까요? 1804년에 5분 벽이 깨진 이후 1954년까지 1마일 최고기록은 4분대를 넘지 못했습니다. 그래서 생리학자들은 인간이 1마일을 4분 이내에 달리는 것은 불가능하다고 단언하기도 했습니다.

하지만 1954년에 그 불가능한 일이 현실로 벌어졌습니다. 그것도 로저 배니스터라는 한 의대생이 신기록을 달성한 것입니다. 더 놀라운 사실은 마의 4분 장벽이 무너지고 난 뒤 2년 만에 3분대의 기록을 보유한 선수가 300명으로 늘어났다는 것입니다.

'누구도 4분대를 넘을 수 없다'는 절대적 한계가 '누군가 할 수 있다면 나도 할 수 있다'는 믿음으로 바뀌었기 때문입니다. 그렇기에 이 사례는 신념의 힘을 강조하는 단골 메뉴처럼 등장하는 이야기입니다.

그러나 4분 벽을 넘어서는 데에는 긍정적 신념만큼이나 중요한 요소가 있었습니다. 바로 페이스메이커입니다. 로저 배니스터가 신기록을 세울 수 있었던 것은 바로 훈련 때부터 그와 호흡을 맞추며 페이스를 이끌어준 2명의 친구가 있었기 때문에 가능한 일이었습니다. 두 친구는 그가 경이로운 기록을 세울 수 있도록 연습과 시합에 참여하여 기꺼이 그의 배경이 되어주었습니다.

세계신기록을 세운 뒤 로저 배니스터는 이렇게 이야기했습니다.

"나 혼자 힘으로 그 기록을 깨는 건 불가능한 일이었습니다. 누군가 날 끌어줘야 했습니다. 이 초는 아주 작은 것 같지만 그것은 내게 벽돌을 깨는 것 같이 느껴졌습니다. 솔직히 내 능력 밖의 일이라 생각했습니다."

'맨발의 영웅'이라고 불렸던 마라토너 아베베 비킬라를 들어본 적이 있나요? 그는 1960년 로마올림픽에서 맨발로 2시간 20분의 벽을 깼고, 이어 도쿄올림픽 마라톤에서도 우승을 차지한 에티오피아의 영웅입니다.

그는 올림픽 2연패에 그치지 않고 1968년 멕시코올림픽에도 출전하였습니다. 당연히 많은 사람들의 관심이 그를 향했습니다. 그런데 뜻밖에도 아베베는 17킬로미터 지점에서 경기를 포기해 버리고 말았습니다. 사람들은 실망했습니다.

하지만 경기가 끝난 후 그가 시합을 포기할 수밖에 없었던 진짜 이유가 밝혀졌습니다. 그는 이미 몇 주 전에 왼쪽 다리뼈가 부러지는 부상을 당했기에 경기에 출전할 몸 상태가 아니었습니다. 그럼에도 동료인 마모 올데의 페이스메이커 역할을 하기 위해 기꺼이 도전했던 것이었습니다.

페이스메이커의 역할은 상대를 더욱 빛내기 위해 도와주는 것입니다. 즉, 누군가를 위해 스스로 배경이 되는 것입니다. 그러므로 누군가가 빛나는 자리에 올라선다면 그것은 그 사람만의 역할이 아니라 또다른 누군가가 배경이 되었기에 가능한 일입니다. 바로 우리 삶이 아름다운 이유입니다.

자신의 삶이 아름답게 느껴지지 않는 까닭은 스스로 꽃이 되지 못해서가 아니라 한 번이라도 꽃을 피워내는 무딘 땅이 되어준 적이 없기 때문은 아닌지 돌아볼 일입니다. 다시 한번 자신에게 묻게 됩니다.

'나는 누군가를 위해 기꺼이 배경이 되어준 적이 있는가?'

'나는 누군가를 빛내주기 위해 페이스메이커 역할을 한 적이 있는가?'

관계 속에서 성장하기

나무는 서로가 서로에게 어깨를 내주면서 숲을 이루어 바람을 이겨냅니다. 우리도 마찬가지입니다. 사람은 사람 안에서 힘을 얻고 그 힘을 통해 성장하는 사회적 존재입니다. 특히 네트워크의 시대인 현대에서는 다른 사람과 협력하고 함께 성장할 줄 모르는 사람은 도태될 수밖에 없습니다.

첫째, 상호적 개인주의자가 되라

상호적 개인주의는 '나도 옳을 수 있고, 너도 옳을 수 있다' '너의 성공은 나의 성공에도 도움이 된다'라는 생각에 뿌리를 두고 있습니다. 반면 경쟁적 개인주의는 기본적으로 '나는 옳고 너는 틀리다' '네가 실패해야 내가 성공할 수 있다'라는 전제에서 출발합니다. 그렇기에 경쟁적 개인주의자는 고립되기 쉽지만 상호적 개인주의자는 자신에게 잘 맞는 공동체로 결속하여 그안에서 협력하고 성장합니다.

둘째, 부탁 훈련을 하라

혼자 해결하기 어려운 문제 앞에서 다른 사람에게 도움을 요청할 때 거절당할까 봐 두렵습니다. 그렇기에 '나는 부탁할 수 있고 상대는 거절할 수 있다'는 가벼운 마음가짐이 필요합니다.

만일 거절당했을 때 중요한 것은 상대방이 '나'라는 사람 자체가 아니라 '나의 제안'을 거부했다고 생각하는 자세입니다. 거절의 가능성을 예상

하고 다가선다면 다른 사람에게 부탁하는 일이 크게 두렵지 않다는 것을 깨닫고 문제를 좀더 쉽게 해결할 수 있습니다.

셋째, 네트워킹하라

창조적 결과물은 고독한 천재가 홀로 만든 것이 아니라 혁신과 도전 과제 속에서 서로를 자극하고 협력해서 얻은 결실입니다. 그러므로 창조적으로 살고 싶다면 의미 없는 군중이 아닌 공통의 관심사와 창조의 젖줄이 되어주는 '문화적 부족'이 되어야 합니다.
단순한 인맥 쌓기가 아니라 자신의 관심사나 업무와 관련된 대내외적인 네트워킹이 중요한 이유입니다. 자신의 전문성을 쌓을 수 있는 토양을 만드십시오.

넷째, 페이스메이커를 찾아라

우리는 결코 혼자만의 힘으로 인생의 긴 여정을 달릴 수 없습니다. 삶 곳곳에서 우리를 이끌어주는 누군가가 있어야 합니다. 그러나 그런 사람이 나타나기를 마냥 기다리기만 해서 만날 수 있는 것은 아닙니다. 친구이든 스승이든 배울 점이 있는 누군가를 직접 찾아 나서야 합니다.
더불어 어느 순간에는 자신이 누군가를 빛내는 페이스메이커가 되어주려는 마음도 필요합니다.

내가 커지면 문제는 작아진다

제1판 1쇄 2013년 4월 30일
제1판 6쇄 2015년 9월 1일
제2판 1쇄 2025년 3월 25일
제2판 2쇄 2025년 5월 10일

지은이 | 문요한
펴낸이 | 송영석

주간 | 이혜진
편집장 | 박신애 **기획편집** | 최예은 · 이나연 · 조아혜
디자인 | 박윤정 · 유보람
마케팅 | 김유종 · 한승민
관리 | 송우석 · 전지연 · 채경민

펴낸곳 | (株)해냄출판사
등록번호 | 제10-229호
등록일자 | 1988년 5월 11일(설립일자 | 1983년 6월 24일)

04042 서울시 마포구 잔다리로 30 해냄빌딩 5 · 6층
대표전화 | 326-1600 **팩스** | 326-1624
홈페이지 | www.hainaim.com

ISBN 979-11-6714-108-8